Das Erfolgsrezept für Selbständige

Band 1

Alles über Gründung, Wachstum und Erfolgsfaktoren

Thomas F. Moser

Die Deutsche Nationalbibliothek verzeichnet diese Publikation in der Deutschen Nationalbibliografie, detaillierte bibliographische Daten sind im Internet über http://dnb.d-nb.de abrufbar.

Impressum:
Thomas F. Moser
c/o AutorenServices.de
Birkenallee 24
36037 Fulda

ISBN: 9781793489197

Imprint: Independently published

WIDMUNG

Ich widme dieses Buch meiner
früheren Partnerin Annette, mit
Dank für die gemeinsame Zeit, ihre
Liebe, ihre Geduld und für all ihre
Anregungen und Impulse für dieses
Buch !
Möge es Ihnen als Leser großen
Nutzen bringen und Ihnen helfen,
über Ihre Ängste und Zweifel
hinweg zu kommen und möge Ihnen
die Selbständigkeit zu großem
Wohlstand und einem glücklichen
freien Leben helfen!

INHALT

DANKSAGUNG

Bei diesem Buch gilt wieder mein Dank Efkan Nas, der mir mit unerschütterlicher Geduld bei der Umsetzung dieses Gesamtprojektes geholfen hat!

Weiter gilt mein Dank meinem Freund und Anwalt Michael Raffael Kornmann, der mich für rechtliche Fragestellungen seit nunmehr fast 32 Jahren sensibilisiert, zur Seite steht und unterstützt.

Und mit ebenfalls großem Dank an meinen Freund und Steuerberater Markus Eck, der mir hilft, die komplexen Sachverhalte zu verstehen und mich in diesem für mich fremden Thema zurecht zu finden.

VORWORT

Warum haben Sie dieses Buch gekauft?

Vielleicht wissen Sie bereits, dass Sie ein Unternehmer sein und die Verantwortung für Ihr eigenes Leben übernehmen wollen. Sie haben bereits eine großartige Idee für ein Unternehmen, und Sie wissen, dass es ein großer Erfolg wird.

Oder vielleicht denken Sie irgendwo in Ihrem Hinterkopf, dass Sie möglicherweise Ihr eigenes Unternehmen gründen möchten. Aber Sie sind sich nicht sicher, was für ein Unternehmen das werden soll, wie das Unternehmertum wirklich ist und ob Sie dafür geeignet sind.

In welche dieser Kategorien Sie auch immer fallen, hier sind Sie an der richtigen Adresse. Ich zeige Ihnen, was es bedeutet, Unternehmer zu sein.

Verwenden Sie dieses Buch für persönliche Ziele und Vorgaben, um zu entscheiden, ob das Unternehmertum das Richtige für Sie ist.

Sie haben noch keine Geschäftsidee oder sind sich nicht sicher, ob Ihre Idee erfolgreich sein wird?

Sie werden die Geheimnisse lernen, um Trends zu erkennen, bevor sie entstehen und um Dutzende von todsicheren Geschäftsideen zu entwickeln. Ich werde auch verschiedene Arten der Unternehmensgründung besprechen, einschließlich Teil- und Vollzeitunternehmertum. Hier in diesem Buch bekommen Sie sozusagen ein „schlüsselfertiges" Konzept aus folgenden Komponenten:

➢ Meiner eigenen mittlerweile fast 30jährigen Selbständigkeit

➢ Dem Erfahrungsaustausch mit unzähligen Selbständigen, Freiberuflern und Unternehmern aus diesen fast 30 Jahren

➢ Den Erfahrungen mit meinen Kunden und Lieferanten

➢ Unzähligen Tipps und Verweisen, wo Sie zu sehr speziellen Themen noch mehr Informationen sammeln und sich Kompetenzen schaffen sollten

Was Sie in diesem Buch nicht finden dürfen, sind Ratschläge zu rechtlichen Fragen oder Fragen des Steuerrechts. Zudem ist das Feld der Unternehmensgründung so weit gefächert, dass eine vollständige Abbildung aller Sachverhalte jeden Rahmen eines einzelnen Buches sprengen würde – mein Anspruch ist es dennoch, Ihnen einen guten Überblick und ein Gefühl der Sicherheit für Ihre ersten Schritte auf dem Weg in die Selbständigkeit zu geben.

Im Folgeband (und vielleicht auch noch weiteren Bänden dieser Reihe) werde ich Sie auf Ihrem Weg begleiten und Ihnen fortschreitend weitere Erfahrungen und Tipps zu Ihrer Entwicklung geben. Bleiben Sie neugierig!

Mit dem Kauf dieses Buches haben Sie Ihren ersten Schritt auf dem Weg zum Unternehmertum getan. Es ist kein Schritt, der leichtfertig gemacht werden sollte, weshalb der Kauf dieses Buches eines der klügsten Dinge sein kann, die Sie je für Ihr Unternehmen getan haben.

Dieses Buch kann einen großen Einfluss auf Ihr Leben haben. Es ist als Wegweiser konzipiert, der Ihnen hilft, einen Kurs für Ihre eigene Reise zur Selbstständigkeit zu planen. Ich bin hier, um Ihnen die besten Routen zu zeigen, Ihnen dabei zu helfen, Schlaglöcher und Sackgassen zu vermeiden und durch die Kurven und Umwege zu navigieren.

THOMAS F. MOSER

SIND SIE BEREIT FÜR DIE SELBSTÄNDIGKEIT?

Bevor sie anfangen, machen sich einige Leute Sorgen darüber, ob sie das Zeug dazu haben, ein Unternehmer zu sein. Das ist zunächst einmal sehr gut!

Und wenn das auf Sie ebenfalls zutrifft, habe ich eine gute Nachricht für Sie: ab jetzt können Sie aufhören, sich Sorgen zu machen!

Ich bin fest davon überzeugt, dass jeder mit dem Wunsch und der Initiative selbstständig sein kann!

Und da Sie dieses Buch gekauft haben, ist es wahrscheinlich, dass Sie sowohl den Wunsch als auch die Initiative haben. Aber nur weil man Unternehmer sein kann oder könnte, bedeutet das nicht, dass jetzt der richtige Zeitpunkt ist, um den Sprung zu wagen.

Dieses Kapitel wird Ihnen dabei helfen festzustellen, ob Sie jetzt bereit sind, unternehmerisch tätig zu sein oder ob Sie sich noch eine kleine Weile zurückhalten sollten.

Falls Sie bereits selbstständig sind und Ihr eigenes Unternehmen aufbauen, können Sie dieses Kapitel natürlich überspringen – vielleicht sind Sie aber auch ein eher „gründlicher Typ" und dann lade ich Sie natürlich herzlich ein, auch aus dem Folgenden noch Ihren Nutzen zu ziehen.

DIE UNTERNEHMERISCHE PERSÖNLICHKEIT

Jedes Jahr gründen Hunderttausende von Menschen ihr eigenes Unternehmen. Aber während die meisten Erfolg haben (ja, das ist die Wahrheit!), scheitern viele. Warum?

Eine der häufigsten Ursachen für das Scheitern der Startups ist die

mangelnde Vorbereitung.

Die Menschen kommen aus verschiedenen Richtungen mit unterschiedlichen Voraussetzungen auf den unternehmerischen Weg. Sie fangen immer häufiger frisch nach dem Studium oder nach der Elternzeit an. Für andere ist die Idee, sich irgendwann in einen Ruhestand zu begeben, sehr abstoßend.

Auf die meisten trifft zu:

- ➢ Sie wollen keinen Chef haben, nicht „Urlaub beantragen müssen"

- ➢ Sie sind sicher, dass niemand anderer „den Job" besser machen kann als sie selbst

> ➢ Sie stehen dazu, selbst für ihr Leben verantwortlich zu sein und sind sicher, dass weder der Staat, noch die Gesellschaft, noch irgendjemand das besser tut als sie selbst

Wenn das alles auch auf Sie zutrifft, sind Sie ganz sicher eine Persönlichkeit, für die „Selbständigkeit" das Richtige ist.

Es gibt noch einige mehr Faktoren, die Ihnen das zeigen können und die auch bestimmen, welcher „Typ" von Selbständigem Sie sind.

Wir werden auf diese Faktoren noch genauer eingehen.

Die meisten geraten jedoch direkt aus der Arbeitswelt zur Selbstständigkeit. Dafür gibt es wieder viele Gründe, von mangelnden Aufstiegschancen über Arbeitsplatzabbau bis zu der Verwirklichung von Lebensträumen und Berufungen.

Die Beendigung eines Vollzeitjobs zur Gründung eines Unternehmens ist daher kein Grund zur Sorge.

Aber: Sie sollten sich sicher sein, dass jetzt der richtige Zeitpunkt für den Einstieg ist.

Zuerst müssen Sie sich selbst ein paar Fragen stellen:

Habe ich genug Geld?

Wenn Sie eine Familie haben, sind sie dann bereit dafür? Wird die Familie Sie unterstützen können und wollen?

Besteht Bedarf für ein Produkt oder eine Dienstleistung, wie meines? Und falls es sich um eine Nische handelt – reicht der Bedarf aus, mir eine Existenz zu sichern?

VOLLE FAHRT VORAUS!

Viele erfolgreiche Unternehmer sagen, dass die Dringlichkeit, die die Gründung ihres Unternehmens nicht nur zu einem Wunsch, sondern auch zu einer Notwendigkeit machte, ihre treibende Kraft war.

Wir werden schauen, ob dies immer „gut" ist und welche treibenden Kräfte für Sie echte Erfolgsfaktoren bedeuten!

Der Rat eines Unternehmers:

„Sie werden wissen, dass die Zeit reif ist, wenn Sie ehrlich von sich behaupten können:

„Ich werde mein Haus, meinen Schmuck und andere Sicherheiten auf den Tisch legen, um das Startkapital zu erhalten, das ich für die langfristigen Vorteile brauche, die ich mir von meinem Vorhaben verspreche."

Ich empfehle Ihnen nicht, Ihr Haus zu verkaufen (obwohl mehr als ein paar Unternehmer auf diese Weise angefangen haben). Aber diese Bereitschaft, alles zu riskieren, bedeutet, dass Sie bereit dazu sind, jetzt zu beginnen.

Was motiviert potenzielle Unternehmer dazu, nicht mehr von der Selbstständigkeit zu träumen und tatsächlich etwas zu unternehmen? Auch wenn viele Leute denken, dass ein einziger Vorfall, wie zum Beispiel eine Entlassung oder eine Beförderung, den Anstoß dazu geben kann, stimmen die meisten Experten zu, dass es normalerweise eine Reihe von Frustrationen ist, die letztlich zur Selbstständigkeit und dazu „sein eigener Chef zu sein" führt.

Der grundlegende Wunsch, das eigene Schicksal zu kontrollieren, steht auf der Liste der Gründe für die Unternehmensgründung der meisten Selbständigen ganz oben. Dieses Bedürfnis ist so stark, dass Selbständige ihre Familien, Zukunft und Karrieren riskieren, um ihr eigener Chef zu sein. Da sie sich nicht wirklich erfüllt fühlen können, wenn sie für jemand anderen arbeiten, können diese Personen nicht glücklich damit sein, dem Plan einer anderen Person zu folgen oder Befehle von einem Vorgesetzten entgegenzunehmen.

Doch Chancen bieten sich in vielerlei Hinsicht. Es könnte sein, dass potenzielle Kunden versuchen, Sie anzurufen oder vielleicht scheitert auch gerade ein Geschäft in Ihrer Umgebung und Sie wissen, dass Sie es zum Laufen bringen könnten und denken über eine Übernahme nach.

Oder vielleicht haben Sie das Gefühl unterbeschäftigt zu sein (unterhalb Ihres möglichen Gehalts oder Ihres Qualifikationsniveaus zu arbeiten) oder Ihre Fähigkeiten und Talente nicht optimal einzusetzen.

Vielleicht gibt es einen Bedarf für das Produkt oder die Dienstleistung, die Sie anbieten möchten. Oder Sie haben einfach einen besseren oder neuen Weg gefunden, um etwas zu tun.

IHRE STÄRKEN UND SCHWÄCHEN

Es ist selten, dass eine Person alle Qualitäten besitzt, die man braucht, um erfolgreich als Selbständige Person zu sein. Jeder hat Stärken und Schwächen.

Wichtig ist es, Ihre Stärken und Schwächen zu verstehen. Um dies zu tun, müssen Sie die wichtigsten Erfolge in Ihrem persönlichen und beruflichen Leben und die Fähigkeiten, die Sie verwendet haben, um sie zu erreichen, bewerten. Die folgenden Schritte können dabei helfen.

Ein wichtiges Konzept ist die sogenannte SWOT-Analyse. Darüber finden Sie im Buchhandel viele Ratgeber, im Internet finden Sie gratis Beschreibungen und auch ich gebe Ihnen hier eine kurze Darstellung:

Die Abkürzung SWOT kommt aus dem Englischen und bedeutet:

Strength	• Stärken
Weakness	• Schwächen
Opportunities	• Chancen
Threats	• Risiken

Über die Stärken und Schwächen werden wir hier gleich bereits sprechen. Zu den Chancen und Risiken möchte ich Ihnen folgende Erklärungen geben:

Obwohl die Auftraggeber immer zuerst meinen Lebenslauf sehen wollen, habe ich die Mehrheit meiner Aufträge zu Themen bekommen, die gar nicht in meinem Lebenslauf standen. So war ich beispielsweise über ein Jahr lang als Wertpapier-Risikocontroller bei einer Bank, obwohl ich Psychologie studiert habe und zuvor als Trainer in der IT gearbeitet hatte. Tatsächlich hatte ich aber privat Wertpapiergeschäfte getätigt und brachte mehr Wissen mit, als meine Mitbewerber. So etwas würde ich in die Kategorie „Chancen" eintragen. Es geht also um den geschäftlichen Nutzen von Hobbies und Interessen und echter Kompetenz, die vielleicht bisher im Lebenslauf keine berufliche Rolle gespielt hat.

Viele Selbständigkeiten sind so entstanden- oft kamen auch ganze Karrieren so zustande. Christian Rach, bekannt als „Restauranttester" soll zunächst Philosophie und Mathematik studiert haben und aus einem Studentenjob dann seine Berufung gefunden haben.

Eine gute Analyse aller vier Felder hilft Ihnen sicher, eine gute Basis für die kommenden Schritte – Businessplan, der eigentliche Start und die ersten Jahre – zu schaffen.

IHR LEBENSLAUF

Stellen Sie einen Lebenslauf zusammen, in dem Ihre beruflichen und persönlichen Erfahrungen sowie Ihre Expertise aufgeführt sind.

Beschreiben Sie für jeden Job die Aufgaben, für die Sie verantwortlich waren und den Grad Ihres Erfolgs.

Dazu gehören berufliche Fähigkeiten, Bildungs- hintergrund, Hobbys und Leistungen, die Fachwissen oder Spezialkenntnisse erfordern.

Dazu gehört, wieviel Verantwortung (Budget, Personen, Material, usw.) Sie hatten.

Dazu gehört, an wen Sie „berichtet" haben und von wem Ihre Leistungen beurteilt wurden.

Wenn Sie diesen Lebenslauf abgeschlossen haben, erhalten Sie eine bessere Vorstellung von der Art des Unternehmens, die am besten zu Ihren Interessen und Erfahrungen passt.

Und Sie können erkennen, was Sie alles noch erlernen sollten, um selbst auch als Chef erfolgreich sein zu können.

Wenn Sie beispielsweise Mitarbeiter einstellen wollen, sollten Sie entweder bereits Personal geführt haben – oder bereit sein, sich durch ein paar Seminare und dann mit Praxis darauf vorzubereiten.

IHRE PERSÖNLICHEN EIGENSCHAFTEN

Natürlich spielt Ihre Persönlichkeit eine zentrale Rolle. Die sogenannten „soft skills" sind oftmals die entscheidenderen Erfolgsfaktoren als Ihre fachlichen Kenntnisse und Fähigkeiten.

Stellen Sie sich bitte einmal folgende Fragen:

Sind Sie freundlich und selbstmotiviert?

Sind Sie ein fleißiger Arbeiter?

Verfügen Sie über einen gesunden Menschenverstand?

Sind Sie gut organisiert?

Wie kommen Sie mit anderen Menschen zurecht?

Sind Sie selbst begeisterungsfähig? Und wie gut können Sie andere Menschen begeistern und motivieren?

Und ganz wichtig:

Wie gehen Sie mit wirtschaftlichen und persönlichen Krisen um? Ertränken Sie diese in Alkohol (ganz schlechte Idee) oder besitzen Sie bereits erfolgreiche Handlungsstrategien?

Die Bewertung Ihrer persönlichen Eigenschaften offenbart Ihre Vorlieben und Abneigungen, sowie Stärken und Schwächen.

Wenn Sie sich in der Nähe anderer Menschen nicht wohl fühlen, dann ist ein Unternehmen, das viel Kundeninteraktion erfordert, vielleicht nicht das Richtige für Sie. Oder Sie stellen alternativ eine gesellige Person für den Kundenservice ein, während Sie sich auf die Aufgaben konzentrieren, die Sie am besten können.

IHRE BERUFLICHEN EIGENSCHAFTEN

Kleinunternehmer schlüpfen in viele verschiedene Rollen, aber das bedeutet nicht, dass Sie ein Alleskönner sein müssen. Achten Sie nur auf die Bereiche, in denen Sie kompetent sind. Für die Bereiche, in denen Sie Hilfe benötigen, wie zum Beispiel Vertrieb, Marketing, Werbung und Verwaltung betrachten Sie Ihre Fähigkeiten – nicht aber, wie gerne Sie da „gut wären" oder wie gerne Sie das selbst machen möchten.

Erfassen Sie neben jeder Funktion Ihr Kompetenzniveau – *ausgezeichnet, gut, angemessen oder schlecht.*

IHRE ZIELE

Neben der Bewertung Ihrer Stärken und Schwächen ist es wichtig, Ihre *persönlichen* und *Unternehmens*ziele zu definieren.

PERSÖNLICHE ZIELE:

Für einige Menschen ist das wichtigste persönliche Ziel die Freiheit, jederzeit das zu tun, was sie wollen, ohne dass ihnen jemand dazwischenredet.

Für andere ist das Ziel eine finanzielle Sicherheit. Für wieder andere ist das wichtigste Ziel finanzielle Freiheit zu erreichen.

UNTERNEHMENSZIELE:

Im Blick auf das Unternehmen unterscheiden sich die Ziele. Für das Unternehmen können beispielsweise Ziele sein:

➤ Ein stabiles Familienunternehmen zur Sicherung von folgenden Generationen

➤ Ein Startup – definiert als Unternehmen mit überdimensionalem Wachstum und dem Ziel, es in kurzer Zeit zu veräußern oder über einen Börsengang in Fremdfinanzierung zu überführen

➤ „Marktführerschaft" in einer Nische oder durch Reengineering in einer Branche mit bestehenden führenden Unternehmen

Das Festlegen von Zielen ist ein wesentlicher Bestandteil der Wahl des für Sie geeigneten Unternehmens und seiner Rechtsform.

Denn wenn Ihr Unternehmen nicht Ihren persönlichen Zielen entspricht, wachen Sie wahrscheinlich nicht jeden Morgen mit dem Willen auf, den Erfolg des Unternehmens zu sichern. Früher oder später werden Sie aufhören, den Aufwand für die Umsetzung des Konzepts zu betreiben.

WIE SETZE ICH ZIELE:

Bei der Zielsetzung sollten Sie auf die folgenden Eigenschaften achten:

➤ Genauigkeit

Sie haben bessere Chancen, ein Ziel zu erreichen, wenn es spezifisch ist. „Kapitalbeschaffung" ist kein konkretes Ziel; „10.000€ bis zum 1. Juli beschaffen" hingegen ist konkret

➤ Optimismus.

Seien Sie positiv, wenn Sie sich Ihre Ziele setzen. „Die Rechnungen bezahlen zu können" ist nicht gerade ein inspirierendes Ziel. „Finanzielle Sicherheit erreichen" formuliert Ihr Ziel positiver und setzt so Ihre Energie frei, um es zu erreichen.

➤ Realismus.

Wenn Sie sich das Ziel gesetzt haben, 100.000€ pro Monat zu verdienen, obwohl Sie in einem Jahr noch nie so viel verdient haben, ist dieses Ziel unrealistisch. Beginnen Sie mit kleinen Schritten, wie zum Beispiel der Erhöhung Ihres monatlichen Einkommens um 25 Prozent. Sobald Ihr erstes Ziel erreicht ist, können Sie nach größeren Zielen greifen.

> ➢ Kurz- und langfristig.

Kurzfristige Ziele sind in einem Zeitraum von mehreren Wochen bis zu einem Jahr realisierbar. Langfristige Ziele können für fünf, zehn oder sogar 20 Jahre angelegt sein; sie sollten wesentlich größer sein als kurzfristige Ziele, aber dennoch realistisch sein.

Wenn Sie sich mit „Zielen" beschäftigen, wird Ihnen auch das Konzept „SMART" begegnen. Auch dies ist eine Möglichkeit, Zielfindung strukturiert und wirksam umzusetzen.

SMARTe Ziele

In der Geschäftswelt müssen Sie ein klares Geschäftsziel haben, bevor Sie jede einzelne Ihrer Strategien umsetzen.

Manchmal haben Sie vielleicht einen Gedanken in Ihrem Kopf wie Folgende: „Ich möchte mehr Follower für meinen Blog gewinnen", „Ich möchte mehr Leute haben, die meine Produkte kaufen" oder „ich möchte, dass mehr Leute meine Marke kennen. Dies sind einige typische Ziele, die Menschen haben, wenn sie ihr Geschäft ausbauen wollen und das sind auch sehr gute Punkte, auf die man sich konzentrieren kann. Aber sind das gute Unternehmensziele? Und wenn nicht, welche Art von Formulierungen sollten verwendet werden, um ein gutes Geschäftsziel zu entwickeln?

Eines der nützlichsten Modelle für die Formulierung von Geschäftszielen ist SMART. Dies bezieht sich auf die folgenden Punkte:

➢ Spezifisch (Specific)

➢ Messbar (Measurable)

➢ Erreichbar (Attainable)

➢ Relevant (Relevant)

➢ Zeitgebunden (Time-bound)

Lassen Sie uns tiefer in die Details einsteigen, um einen Blick auf jedes einzelne Wort zu werfen und die Regeln hinter diesen Worten herauszufinden.

➢ Spezifisch

- Präzise
- Gut definiert
- Klar
- Erreichbar

Zum Beispiel ist die" Erhöhung der Leads" kein spezifisches Ziel, weil es an einer klaren Richtung mangelt. Sie können diese Aussage besser formulieren:

Steigerung der Leads um 10% bis zum Jahresende.

➢ Messbar

Ein messbares Ziel zeigt den Fortschritt an und kann Ihnen helfen, die Dinge auf Kurs zu halten. Es ist motivierend, wenn Sie sich Ihrer Frist nähern und dieses Ziel erreichen.

Es liefert Informationen wie:

Wie viel?

Wie viele?

Wann?

Ein messbares Ziel identifiziert, was gut funktioniert, was Sie weiterhin tun sollten und was nicht gut funktioniert, sodass Sie es verbessern können.

➢ Erreichbar

- Realistisch

- Nachvollziehbar

Es berücksichtigt Ihre bisherige Leistung, die aktuellen Ressourcen und Fähigkeiten.

- Wettbewerbsfähig

Sie wissen, womit Sie es zu tun haben.

- Motivierend

➢ Relevant

Ein relevantes Ziel stimmt das, was Sie erreichen wollen, mit dem ab, was Ihr Projekt oder Unternehmen realistisch leisten kann.

> Zeitgebunden

Setzen Sie Ihre Ziele Jahr für Jahr und teilen Sie sie in monatliche oder wöchentliche Ziele ein. Das hilft Ihnen dabei, Ihr gesamtes Programm konsequent zu optimieren und Ihre Ressourcen so weit wie möglich zu nutzen.

VOM WUNSCH ZUM ZIEL: SMART- ZIELE VS. ALLGEMEINE ZIELE

Allgemeines Ziel: Ich möchte ein Unternehmen gründen

Spezifisch: Ich werde handgemachte Karten über Etsy.com verkaufen.

Messbar: Ich werde bereit sein, meine erste Etsy-Bestellung innerhalb von vier Wochen anzunehmen und ich werde versuchen, mindestens fünf Karten pro Woche zu verkaufen.

Erreichbar: Ich werde mich zuerst auf Etsy einlassen. Dann werde ich ein Inventar von 30 handgefertigten Karten aufbauen, um sie zu verkaufen. Schließlich werde ich mein Geschäft fördern und Kundenbeziehungen durch Mundpropaganda, Empfehlungen und lokale Netzwerke aufbauen.

Relevant: Der Verkauf von handgefertigten Karten wird es mir ermöglichen, finanziell von meinem Lieblingshobby zu profitieren.

Zeitgebunden: Mein Etsy-Geschäft wird innerhalb von vier Wochen in Betrieb gehen und ich werde einen Bestand von 30 Karten haben, die ich innerhalb von sechs Wochen verkaufen kann.

SMART-ZIEL

Innerhalb eines Monats werde ich es schaffen, handgemachte Karten auf Etsy zu verkaufen, was mir ermöglicht, finanziell von meinem Lieblingshobby zu profitieren. Innerhalb von sechs Wochen werde ich einen Bestand von 30 handgefertigten Karten haben, die ich verkaufen kann und es ist das Ziel, mindestens fünf Karten pro Woche zu verkaufen, indem ich Kundenbeziehungen durch Mundpropaganda, Empfehlungen und lokale Netzwerke aufbaue.

Allgemeines Ziel: Ich möchte mein Geschäft erweitern

Spezifisch: Ich werde drei neue Kunden für mein Beratungsgeschäft gewinnen.

Messbar: Ich werde meinen Fortschritt daran messen, wie viele neue Kunden ich unter Beibehaltung meines derzeitigen Kundenstamms gewinnen kann.

Erreichbar: Ich werde aktuelle Kunden um Empfehlungen bitten, eine Social Media Marketingkampagne starten und mich mit lokalen Unternehmen vernetzen.

Relevant: Das Hinzufügen zusätzlicher Kunden zu meinem Geschäft wird es mir ermöglichen, mein Geschäft auszubauen und meinen Umsatz zu steigern.

Zeitgebunden: Ich werde innerhalb von zwei Monaten drei neue Kunden gewinnen.

Es gibt darüber hinaus mehrere Faktoren, die bei der Zielsetzung zu berücksichtigen sind:

- **Einkommen.** Viele Selbständige gründen ein Unternehmen, um finanzielle Sicherheit zu erreichen. Überlegen Sie, wie viel Geld Sie in Ihrem ersten Betriebsjahr und in jedem darauffolgenden Jahr, bis zu fünf Jahren, verdienen wollen.

- **Lebensstil.** Dazu gehören Bereiche wie Reisen, Arbeitszeiten, Investitionen in persönliche Vermögenswerte und die geografische Lage. Sind Sie bereit, viel zu reisen oder sogar umzuziehen? Wie viele Stunden sind Sie bereit zu arbeiten? Welche Vermögenswerte sind Sie bereit zu riskieren?

- **Art der Arbeit.** Bei der Festlegung von Zielen in Bezug auf die Art der Arbeit müssen Sie feststellen, ob Sie gerne im Freien, in einem Büro, an Computern, am Telefon, mit vielen Menschen oder mit Kindern arbeiten etc.

- **Ego-Befriedigung.** Sehen Sie es ein: Viele Menschen gründen ein Unternehmen, um ihr Ego zu befriedigen. Die Führung eines Unternehmens kann sehr egobefriedigend sein, besonders wenn Sie sich in einem Unternehmen befinden, das als „glamourös" oder „aufregend" gilt. Sie müssen entscheiden, wie wichtig Ihnen die Befriedigung des Egos ist und welches Geschäft diese Bedürfnisse am besten erfüllt.

EHRLICHKEIT

Die wichtigste Regel der Selbsteinschätzung und Zielsetzung ist Ehrlichkeit.

Wenn Sie mit offenen Augen über Ihre Stärken und Schwächen, Ihre Vorlieben und Abneigungen und Ihre ultimativen Ziele ins Geschäft einsteigen, können Sie die Entscheidungen, mit denen Sie konfrontiert werden, mit mehr Selbstvertrauen und einer größeren Erfolgschance angehen.

Zum anderen ist gerade in der Selbständigkeit „Ehrlichkeit" gegen sich und gegen Geschäftspartner (Partner, Kunden und Lieferanten) zwingend. Sie werden vermutlich früher oder später in Situationen geraten, wo Sie sich mit Ausflüchten verteidigen wollen werden. Partner werden Sie in Situationen bringen, in denen Sie sich nicht wohlfühlen.

All dem können Sie *nur und ausschließlich* erfolgreich begegnen, wenn Sie in Ihrer Kommunikation ehrlich sind, bleiben oder werden.

Alles andere wird Ihre Reputation so nachhaltig schädigen, dass Sie – wenn Unehrlichkeiten auffallen und glauben Sie mir bitte, es wird immer (früher oder später) auffallen – möglicherweise Ihr Geschäft sogar schließen werden.

Niemand akzeptiert im Geschäftsleben unehrliche Partner – auch wenn uns Medien und TV-Serien anderes glauben machen wollen.

Erfolgreiche Selbständigkeit ist oft sehr langweilig und mit den berühmten alten „Tugenden" verbunden...

IHRE WIRKLICHE PERSÖNLICHKEIT

Zum Kapitel über die „Unternehmer-persönlichkeit" gehört auch eine kurze Betrachtung Ihrer wirklichen Persönlichkeit – sind Sie extrovertiert? Oder verursacht es Ihnen Magenkrämpfe, mit fremden Menschen Essen gehen zu müssen, Parties zu besuchen oder gar einen Vortrag zu halten? Sitzen Sie lieber über Ihrem Reißbrett oder fliegen Sie lieber zu einer Messe ins Ausland um neue Kunden von Ihrem Geschäft zu begeistern?

Es gibt viele Ansätze, psychologische Testinstrumente und angebliches Expertentum, was den erfolgreichsten, angeblich skrupellosesten, finanzbegabtesten oder auch kaltblütigsten Unternehmer ausmacht.

Tatsächlich werden Sie all dies in Ihrem Alltag vermutlich am Wenigsten benötigen — oft wird manches davon Sie eher aufhalten und behindern, wenn Sie davon zuviel in Ihrem Temperament haben.

Aber was ist dann das wirklich Hilfreiche?

EINE ZAUBERFORMEL

Wenn Sie es schaffen, sich ernsthaft für Ihr Gegenüber zu interessieren, ein gutes, ja ausgezeichnetes Gedächtnis dafür haben, was Ihnen Ihr Kunde oder Partner alles anvertraut und Sie zeigen, dass Sie sowohl an einem fairen Geschäft (das auch IHREN Interessen dient) als auch an seiner Person interessiert sind, öffnen sich Türen weiter, als Sie es sich je erhoffen konnten.

Zeigen Sie, dass Sie Vertrauen verdienen – schweigen Sie wie ein Arzt oder Priester über alles, was Sie erfahren. Aber gratulieren Sie zum Hochzeitstag, zum Geburtstag der Ehefrau Ihres Kunden oder Partners.

Machen Sie ein kleines Geschenk, wenn Sie erfahren dass er Nachwuchs bekommen hat – seien Sie nicht kleinlich und achten Sie dennoch darauf, das Mass zu halten.

Ich habe einmal einem Partner zur Geburt seines jüngsten Sohnes einen 1g-Goldbarren geschenkt.

Das klingt ziemlich aufregend, oder?

Es war wohl aufregender als ein großes Baby-Badetuch oder ähnliche übliche Geschenke – und hat uns im Kontakt viel näher gebracht. Ich habe das aber aus Überzeugung getan, nicht aus Berechnung. Und dies ist dabei das Wichtigste: Wenn Ihnen die Person WICHTIG ist, sollten Sie es ihr auch sagen und zeigen. Nur dadurch entstehen langfristige Verbundenheit, Vertrauen und Verlässlichkeit.

Und es ist etwas, das Sie auch pflegen können, wenn Sie lieber im Labor etwas erfinden, als mit Menschen im Vertrieb zu reden.

Für Ihre Persönlichkeit ist folgende Erkenntnis extrem wichtig:

Ohne eine Vielzahl an Menschen, die uns hilft,

unsere Produkte kauft, für uns arbeiten möchte (!) und uns aus Überzeugung zu jeder Zeit unterstützt, sind wir gar nichts.

Im dritten Band werden wir über Führung sprechen. Aber da Sie ja bereits jetzt bald in die Rolle eines Chefs geraten werden oder schon darin sind, sei Ihnen auch dieses noch gesagt:

Stellen Sie sich vor, Sie wären der Kapitän eines schönen Schiffes, das gerudert werden muss.

Sind Sie auch dann noch ein „schöner Kapitän" wenn Ihnen die Rudermannschaft wegläuft oder lieber Peitschenhiebe erduldet, als für Sie zu rudern? Und Ihr stolzes Schiff schlapp daliegt, eine Atmosphäre des Grauens ausstrahlt und nur noch diejenigen einen Finger krümmen, deren Angst noch größer ist als der letzte Rest Widerstand?

Oder wie würden sich alle Beteiligten fühlen und von außen wahrgenommen, wenn ein Schiff ankommt, dessen Ruderer alle bestens genährt, gekleidet sind, mächtige muskulöse Figuren, die für Ihren Kapitän durch Stürme rudern würden?

Die jedem erzählen, wie stolz sie sind auf genau IHREM Schiff sein zu dürfen, weil jeder sein Bestes gibt und der Kapitän ein großartiger charismatischer Charakter ist, der auf seine Mannschaft achtet und weiß, wie man das Schiff durch den Sturm bringen kann? „Der Alte", dem alle vertrauen? Der immer die richtige Idee hat, auch wenn es mal hart auf hart kommt und der sogar dann sich auf die Ruderbank schwingt und mitrudert, wenn es mal samstags abends Sturm gibt und jede Hand gebraucht wird?

Diese Dinge werden wir im Band 2 zum Thema „Krise" und im Band 3 zum Thema „Führung" noch genauer betrachten.

Für hier und jetzt ist es wichtig, dass Sie die Idee dahinter verstehen. Erfolgreiche Unternehmer-persönlichkeit kann lange Stunden, eigener Einsatz, harte Arbeit bedeuten.

Wissen Sie, wann Sie es geschafft haben?

Wenn ein Mitarbeiter zu Ihnen kommt und sagt *„Chef, geh´n Sie nach Hause! Ich mach das jetzt für Sie fertig, das ist mein Job."*

ALLES FÄNGT MIT EINER IDEE AN

Viele Menschen glauben, dass die Gründung eines Unternehmens ein mysteriöser Prozess ist.

Sie wissen, dass sie ein Unternehmen gründen wollen, kennen die ersten Schritte aber nicht. In diesem Kapitel werden Sie herausfinden, wie Sie eine Idee für Ihr Unternehmen erschaffen – wie Sie genau herausfinden, was Sie tun wollen und wie Sie dann handeln können. Aber bevor wir anfangen, lassen Sie uns einen Punkt klären:

Die Leute fragen sich immer, ob die jetzige Zeit ein guter Zeitpunkt ist, um ihre Geschäftsidee zu starten. Fakt ist, dass es wirklich nie einen schlechten Zeitpunkt gibt, um ein Unternehmen zu gründen. Es ist offensichtlich, warum es klug ist, in wirtschaftlich starken Zeiten zu starten.

Die Menschen haben Geld und suchen nach Wegen, um es auszugeben. Doch auch der Start in schwierigen oder unklaren wirtschaftlichen Zeiten kann genauso clever sein.

Wenn Sie Ihre Hausaufgaben gemacht haben, besteht vermutlich ein Bedarf für das Geschäft, das Sie anstreben.

Die Schätzungen variieren, doch in der Regel werden in Deutschland jedes Jahr mehr als 600.000 Unternehmen gegründet.

Aber für jeden Deutschen, der tatsächlich ein Unternehmen gründet, gibt es wahrscheinlich Millionen mehr, die jedes Jahr sagen: „Okay, das ist das Jahr, in dem ich ein Unternehmen gründen werde", und tun es letztendlich doch nicht

Jeder hat seine eigene Straßensperre, die ihn daran hindert, den entscheidenden ersten Schritt zu wagen.

Die meisten Menschen haben Angst anzufangen; sie fürchten vielleicht das Unbekannte, das Scheitern oder sogar den Erfolg. Andere wiederum haben das Gefühl, dass sie etwas überwältigend Schwieriges anfangen, weil sie glauben bei Null anfangen zu müssen.

Sie denken, dass sie sich etwas einfallen lassen müssen, was noch nie jemand zuvor getan hat – eine neue Erfindung oder einen einzigartigen Service. Mit anderen Worten: sie denken, dass sie das Rad neu erfinden müssen.

Und wenn Sie kein technologisches Genie sind – ein weiterer Bill Gates oder Steve Jobs – ist es eine große Zeitverschwendung, das Rad neu zu erfinden. Für die meisten Menschen, die ein Unternehmen gründen, sollte die Thematik nicht mit etwas so Einzigartigem beginnen, von dem noch nie jemand etwas gehört hat, sondern vielmehr die Fragen beantworten:

„Wie kann ich das verbessern?" oder „Kann ich das besser oder anders machen als Unternehmen XYZ?" Oder schlicht und einfach: „Gibt es einen Marktanteil, der nicht bedient wird und Platz für ein anderes Unternehmen in dieser Kategorie schafft?"

DIE KREATIVE ENERGIE

Wie beginnt der Ideenprozess?

Zuerst nehmen Sie bitte ein Blatt Papier heraus und schreiben Sie bitte oben „Dinge über mich" als Überschrift.

Listen Sie fünf bis sieben Dinge über sich selbst auf – Dinge, die Sie gerne tun oder die Sie wirklich gut können und persönliche Dinge (wir widmen uns in Kürze Ihrem Arbeitsleben).

Ihre Liste könnte Folgendes enthalten: „Ich bin wirklich gut mit Menschen, ich liebe Kinder, ich liebe es zu lesen, ich liebe Computer, ich liebe

Zahlen, ich bin gut darin, Marketingkonzepte zu entwickeln, ich bin ein Problemlöser."

Schreiben Sie einfach auf, was Ihnen in den Sinn kommt; es muss jetzt noch keinen Sinn ergeben. Sobald Sie Ihre Liste erstellt haben, nummerieren Sie die Elemente auf einer Seite des Papiers.

Listen Sie auf der anderen Seite des Papiers Dinge auf, die Sie Ihrer Meinung nach nicht gut können oder nicht gerne tun.

Vielleicht sind Sie wirklich gut im Erstellen von Marketingkonzepten, mögen es aber nicht, Menschen zu treffen, sind nicht so kinderlieb, mögen es nicht öffentlich zu sprechen oder wollen nicht reisen.

Denken Sie nicht zu viel darüber nach, schreiben Sie einfach Ihre Gedanken auf.

Wenn Sie fertig sind, fragen Sie sich selbst: „Wenn es drei bis fünf Produkte oder Dienstleistungen gäbe, die mein Privatleben besser machen würden, welche wären das?"

Das ist Ihr Privatleben als Mann, Frau, Vater, Ehemann, Mutter, Ehefrau, Elternteil, Großelternteil – wie auch immer Ihre Situation sein mag.

Bestimmen Sie, welche Produkte oder Dienstleistungen Ihr Leben einfacher oder glücklicher machen, Ihre Produktivität oder

Effizienz steigern oder Ihnen einfach mehr Zeit verschaffen würden.

Als nächstes stellen Sie sich die gleiche Frage über Ihr Geschäftsleben. Untersuchen Sie, was Sie an Ihrem Arbeitsleben mögen und was nicht, sowie welche Eigenschaften Menschen an Ihnen mögen und welche nicht.

Fragen Sie sich abschließend, warum Sie überhaupt ein Unternehmen gründen wollen.

Wenn Sie dann fertig sind, suchen Sie nach einem Muster, das entsteht.

Vielleicht passen die Dinge, die Sie über sich finden, wie ein Puzzle zusammen. Vielleicht entsteht sogar nochmals ein neuer Entwurf, vielleicht wird die Idee größer, moderner, spannender?

Wichtig ist auch: es gibt für Sie in diesem Moment keine „absurden" Ideen. Wussten Sie beispielsweise, dass es Leute gibt, die davon leben können, mit modernen 3D-Druckern Ersatzteile für diese kleinen Spielzeugautos aus den 1960er Jahren (z.B. von den längst verschwundenen Herstellern „Corgi", „Dinky" usw.) herzustellen und weltweit zu versenden?

WELCHER TYP SIND SIE?

Es gibt verschiedene Typen von Selbständigen. Bevor wir anhand einer Checkliste feststellen, zu welchem Typ Sie gehören, lassen Sie mich die einzelnen Typen zunächst erklären.

DER FREIBERUFLER, SELBSTÄNDIGE, EINZELKAUFMANN

Hier gibt es meistens keine „juristische Person" als Rechtsform. Der Selbständige haftet persönlich, ist zumeist alleine in seinem Geschäft tätig und man unterscheidet im Wesentlichen nur zwei Gruppen:

FREIBERUFLER

Der Begriff der „freien Berufe" ist klar geregelt. In aller Regel handelt es sich um akademische Berufe, typisch wären zum Beispiel Architekten, Rechtsanwälte, Steuerberater, Psychologen, Heilberufe, etc.

Den Katalog finden Sie im Steuerrecht: Freiberufler genießen das Privileg, keine

Gewerbesteuer entrichten zu müssen. Was außer dem Wegfall an administrativem Aufwand einer zusätzlichen Steuererklärung keinen wirtschaftlichen Vorteil mehr bringt, da die Gewerbesteuer derzeit (Winter 2018/2019) mit der Einkommensteuer des Freiberuflers verrechnet wird (um genau zu sein: seine Steuerlast als vorher abzugsfähige Betriebsausgabe entsprechend reduziert).

GEWERBETREIBENDE

Dem stehen die Gewerbetreibenden gegenüber.

Der „e.K" oder auch „EK" für „eingetragener Kaufmann" oder „Einzelkaufmann" wie auch typischerweise Handelsvertreter, die Meisterberufe des Handwerks, teilweise auch Unternehmensberater und generell „alle Nicht-Freiberufler", die alleine ihr Geschäft betreiben, fallen in diese Gruppe.

DER UNTERNEHMER

Hier sprechen wir von den Selbständigen, die als Inhaber und/oder Gesellschafter von Kapitalgesellschaften tätig sind.

Was den Hauptunterschied ausmacht, werden Sie nachher in der Checkliste klar erkennen. Soviel vorab: während die Freiberufler und Einzelkaufleute davon überzeugt sind, dass ohnehin niemand den Job besser macht als sie selbst, stellt der Unternehmer sofort ein Team und Mitarbeiter zusammen und delegiert die Aufgaben an Personen, die besser dafür qualifiziert sind als er selbst.

Dadurch bringt er das Unternehmen auf ein höheres Qualitätsniveau, stellt sicher dass auch mal jemand ausfallen kann und die Geschäfte dennoch weitergehen und schafft zuletzt sogar die Basis dafür, dass sein Unternehmen auch mit Filialen, Tochterfirmen oder Niederlassungen weiter wachsen kann, auch wenn mehr Kunden und Aufträge hereinkommen.

Das Fachwort für dieses Vorgehen ist, sein Geschäft zu „skalieren". Dies ist immer nur dann möglich, wenn die zu erbringende Leistung oder das Produkt nicht an der Person des Selbständigen (und/oder dessen Fähigkeiten und Kenntnissen) direkt hängt.

Der gute Unternehmer hat tatsächlich vor allem ein Ziel: sich selbst überflüssig zu machen. Dadurch schafft er die Freiheit, dass das Geschäft auch noch läuft oder sogar wächst, wenn er selbst einmal z.B. wegen Krankheit ausfallen sollte.

THOMAS F. MOSER

5 VERSCHIEDENE ARTEN VON SELBSTÄNDIGEN

Als Unternehmer ist jeder von uns anders und einzigartig. Das eine gemeinsame Element, das wir alle teilen, ist der Wunsch, durch Unternehmertum Freiheit in unserer „Arbeit" und unserem Leben zu schaffen. Wir leben in einer Zeit, in der es viele Möglichkeiten gibt, Unternehmen zu gründen, die uns helfen, das Leben zu leben, das wir leben wollen. Dennoch gibt es einige Unternehmer, die dies lesen und in ihrem Geschäft und ihrem Leben festsitzen. Sie wissen, wer Sie sind. Sie können nicht herausfinden, warum Sie keine Fortschritte machen oder was Sie als Nächstes in Ihrem Unternehmen tun sollen. Das „fehlende Glied" könnte die Art von Unternehmer sein, die Sie sind. Das Verständnis Ihrer Motivation als Unternehmer kann der Schlüssel zum Wachstum Ihres Unternehmens sein und das Erreichen eines Meilensteins zum Erfolg, den Sie erreichen wollen. Hier sind fünf Arten von Selbständigen.

Seien Sie ehrlich, welche auf Sie zutrifft und welche Sie sein wollen.

DER SKEPTISCHE SELBSTÄNDIGE

Dieser Selbständige sieht den Erfolg anderer und beginnt sofort, ihn in Frage zu stellen. Er untersucht das Geschäft dieser Person und sucht nach den „Glücksfällen" oder dem Erbe, von dem er denkt, dass es ein erfolgreicher Unternehmer erhalten hat. Vielleicht liegt es an den Nachrichten oder früheren Lebenserfahrungen, doch diese Art des Selbständigen ist skeptisch gegenüber dem Erfolg und glaubt nicht, dass er möglich ist, ohne dass er auf ein Wunder zurückzuführen ist.

Wenn Sie keinen Erfolg erkennen oder daran glauben können, werden Sie nie an einen Punkt in Ihrem Kopf gelangen, an dem Sie handeln können. Sie werden feststecken; Sie werden alle möglichen Ausreden finden und sie aufgrund Ihrer skeptischen Denkweise glauben. Dies ist die unheimlichste Art von Selbständigen.

Sie können als „skeptischer Selbständiger" durchaus auch wirtschaftlich erfolgreich werden. Aber Sie werden immer einen steinigen Weg gehen – weil Ihnen Ihre Skepsis die Steine auf Ihrem Weg zeigen wird...

Was können Sie tun?

Hier helfen das „mentale Training", sich weniger skeptische Geschäftsleute als Vorbild nehmen, systematisch das Denken verändern – und vor allem der Wunsch dazu, trotz aller Skepsis sehr positiv auf die eigene Geschäftstätigkeit schauen zu wollen.

Die Erkenntnis, dass Sie zu den „skeptischen Geschäftsleuten" gehören, ist – wenn sie auf Sie zutrifft – sehr wichtig. Sie werden durch diese Einstellung dazu tendieren, eher negativ zu denken. Vielleicht fällt Ihnen selbst das erst auf, wenn Sie folgende Übung machen:

Versuchen Sie bitte, einen Tag lang das Wort „aber" durch das Wort „obwohl" zu ersetzen!

Je schwerer Ihnen dies fällt, umso wahrscheinlicher gehören Sie zu den Skeptikern...

DER NACHAHMER-UNTERNEHMER

Dieser Unternehmer sieht den Erfolg anderer und versucht, sie genau zu kopieren. Die Website ist die gleiche, die Visitenkarten sind die gleichen, und die Art und Weise, wie er sich selbst präsentiert, ist die Kopie eines Marktführers in seiner Branche.

Es ist nichts falsch daran, Erfolg zu modellieren – es ist sogar sehr intelligent. Zwischen Modellierung und Kopie liegt jedoch ein schmaler Grat. Erfolg zu modellieren bedeutet, dass Sie sehen, was funktioniert und somit herausfinden, wie Sie es für Ihr Unternehmen relevant machen können und wer Sie als Person sind. Wenn Sie bereits kopiert haben, seien Sie ehrlich und wechseln Sie vom Kopieren zum Modellieren.

Das Problem am Kopieren liegt darin, dass die Kopie niemals besser als das Original sein wird. Erst durch die Abweichung in der Durchführung oder Produktion oder Umsetzung (und das bedeutet „Modellieren") entsteht die Chance, das Original zu übertreffen.

DER FORSCHENDE UNTERNEHMER

Dieser Unternehmer liebt es zu lernen. Es werden alle möglichen Szenarien und Ergebnisse für Strategien zur Gründung oder zum Wachstum eines Unternehmens untersucht Es ist nichts falsch am Lernen, doch wenn das alles ist, was man tut, wird es zu einem Problem. Die Forschung wird schließlich zu einer Ausrede, um nicht zu handeln.

Auch wenn Sie sich immer bemühen sollten, zu lernen, was funktioniert und was Ihrem Unternehmen helfen könnte, müssen Sie es dennoch umsetzen. Die meisten Unternehmer wissen mehr, als sie denken; zu viele Unternehmer werden Opfer einer Informationsflut. Der Schlüssel zum Erfolg ist das Lernen und die anschließende Umsetzung. Die Umsetzung muss erfolgen.

Selbständige dieser Art findet man häufig in den Gesundheitsberufen, auch in den beratenden Berufen und generell eher bei den Freiberuflern.

DER ENTSCHLOSSENE UNTERNEHMER

Dieser Unternehmer hat es noch nicht „geschafft", doch er wird irgendwann erfolgreich, egal was passiert. Er sieht den Wert des Unternehmertums, er sieht, dass Erfolg ohne Kopieren möglich ist und er tut alles, was er kann, um sein Geschäft zu gründen oder auszubauen.

Die Gründung und das Wachstum eines Unternehmens sind schwierig, und es braucht Zeit, aber es gibt Beweise dafür, dass es möglich ist, erfolgreich zu sein. Um dorthin zu gelangen, müssen Sie Ihre Einstellung ändern, indem Sie sich auf das konzentrieren, was zu viele Menschen als „Realität" betrachten und auf das konzentrieren, von dem Sie wissen, dass es Ihre Realität sein kann. Erfolgreiche Unternehmer weisen Entschlossenheit als ihre Vorgeschichte auf.

DER VERSIERTE UNTERNEHMER

Dieser Unternehmer hat alle Phasen des Unternehmertums und der Unternehmensgründung durchlaufen und ist erfolgreich. Er konzentriert sich nun auf die Skalierung seines Unternehmens und hinterlässt ein Erbe, das über seine Lebensdauer hinausgeht. Der versierte Unternehmer hat die Dinge herausgefunden, die ihm dabei helfen, erfolgreich zu sein. Er hat herausgefunden, wie er sich mit seinem Kunden verbinden kann und wie er seine größten Probleme lösen kann. Er versteht, dass seine Zeit seine wertvollste Ressource ist, also nutzt er sie weise.

Welche Art von Unternehmer sind Sie? Stellen Sie sich der Wahrheit und nehmen Sie eine Änderung vor, sofern sie erforderlich ist. Der Erfolg ist für jeden von uns anders, doch wenn Sie feststecken, könnte es daran liegen, dass Sie nicht die Art von Unternehmer sind, die Sie sein sollten und wollen. Erfolg braucht Zeit. Das Wachstum eines Unternehmens könnte viel Zeit in Anspruch nehmen, aber die Freiheit, die das Unternehmertum bietet, ist es wert zu warten. Es beginnt alles damit, dass Sie entscheiden, was Ihre Ziele sind. Entscheiden Sie, was Sie von Ihrem Unternehmen erwarten und wie es in Ihr Leben passt.

DIE ERFOLGSCHECKLISTE

Ich lege Ihnen ans Herz, die folgenden sechs Merkmale als Checkliste zu betrachten, um zu sehen, ob Sie das Zeug dazu haben, die nächste große Idee zu starten. Versuchen Sie, sich in ihnen wiederzufinden. Wenn nicht, fragen Sie sich, wie Sie Ihr Denken und Verhalten ändern können, um Ihre eigenen unternehmerischen Ziele zu erreichen. Es ist auch immer eine gute Idee, mit anderen zu sprechen, die bereits Erfolge vorweisen können.

SELBSTVERTRAUEN

Der Glaube an sich selbst ist ein universelles Merkmal erfolgreicher Unternehmer. Sie müssen an sich selbst und an Ihre Vision glauben. Das bedeutet nicht, dass Sie nie einen Moment des Zweifels haben können, aber es bedeutet, dass es nicht erlaubt sein darf, dass Ihre Zweifel Ihre Kernüberzeugungen an das, was Sie zu tun versuchen, überwältigen. Wenn es zu dem Punkt kommt, an dem Ihre Zweifel Ihren Glauben überwältigen, könnte es an der Zeit sein, nochmal von vorne anzufangen.

Tipp:

Ein häufiges Problem ist folgendes Dilemma: Ihr Vorhaben erfordert Durchhaltevermögen. Der Erfolg bleibt zunächst aus, nichts geht voran.

Sie erinnern sich an den Spruch „Wenn Dein Pferd tot ist, steig ab" und fragen sich nun „was soll ich tun?" oder „Woran erkenne ich, ob das Pferd tot ist"?

Solange Sie für Ihr Vorhaben „brennen" und Leidenschaft spüren, halten Sie bitte weiter durch!

SELBSTMOTIVATION

Herumsitzen und an sich selbst glauben, bringt kaum etwas. Sie müssen motiviert sein und auf die Verwirklichung Ihrer Vision hinarbeiten. Außerdem sollte Ihre Motivation von innen heraus kommen. Andere Menschen können Sie nicht zur Größe anspornen. Wenn Sie einen konstanten Anstoß benötigen, sind Ihre Erfolgsaussichten stark reduziert.

HARTNÄCKIGKEIT

Erfolgreiche Unternehmer lassen sich nicht von Misserfolgen erschrecken. Wenn Ihnen die erste echte Herausforderung den Wind aus den Segeln nimmt, wie können Sie dann hoffen, die zahlreichen und schwierigen Hindernisse zu überwinden, die fast immer den Weg zum Erfolg ebnen? Eine ehrliche Bewertung Ihrer Fähigkeit, über Schwierigkeiten zu triumphieren und durchzuhalten, wenn Sie in Not geraten sind, ist notwendig, bevor Sie Ihre unternehmerische Reise antreten.

Bitte erinnern Sie sich hier auch an das, was ich vorhin beim Selbstvertrauen über das „tote Pferd" und die brennende Leidenschaft in Ihnen gesagt habe!

VERSTÄNDNIS DER EIGENEN GRENZEN

Dies mag wie das Gegenteil des ersten Punktes erscheinen, ist es aber nicht. Obwohl Sie Selbstvertrauen brauchen, um erfolgreich zu sein, müssen Sie auch in der Lage sein, Ihre eigenen Fähigkeiten objektiv zu beurteilen. Ein guter Unternehmer ist ein guter Anführer und ein guter Anführer weiß, wann er auf andere hören muss.

Wenn Sie sich stur weigern, andere Perspektiven zu berücksichtigen oder wenn Sie darauf bestehen, Dinge selbst zu tun, die am besten von Menschen mit besserer Qualifikation durchgeführt werden könnten, steuern Sie Ihr Unternehmen auf das Scheitern zu.

EINE GESUNDE MISSACHTUNG DER REGELN

Jedes Mal, wenn Sie einen Satz hören, der mit „Jeder weiß" beginnt, ist das, was Sie wirklich hören, eine Gelegenheit. Unternehmerisch denkende Menschen wissen, dass es Regeln und Allgemeinwissen gibt, denen man sich widersetzen kann. Unerlaubtes Risikoverhalten ist ein gemeinsames Merkmal von Unternehmern und führt zu der Fähigkeit, sich über Konventionen hinwegzusetzen, die Ihnen im Weg stehen. Das soll nicht heißen, dass Unternehmer Straftäter sind, sondern bedeutet, dass Unternehmer bereit sind, Grenzen zu überschreiten, die die meisten Menschen nicht überschreiten können oder wollen.

Wohlgemerkt: Ethisches Handeln und eine gesunde „Kaufmannsehre" sind absolute Erfolgsfaktoren und werden von Kunden wie Lieferanten gleichermaßen geschätzt.

BEREITSCHAFT ZU SCHEITERN

Erfolgreiche Unternehmer scheitern, kehren dann zum Ausgangspunkt zurück und versuchen es erneut. Selten wird ein großer Sprung ohne großes Risiko gewagt. Ein Unternehmer muss in der Lage sein, Risiko und Ertrag objektiv abzuwägen und das Risiko einzugehen, wenn es sinnvoll ist. Ein angehender Unternehmer, der nicht bereit ist, alles zu riskieren, wenn die Belohnungen groß genug sind, wird diese Belohnungen wahrscheinlich niemals ernten.

Fangen Sie an

Hoffentlich ist der Prozess der Bestimmung, mit Hilfe dessen Sie feststellen können, welches Geschäft für Sie das Richtige ist, zumindest etwas entmystifiziert worden. Sie müssen verstehen, dass die Unternehmensgründung keine Hexerei ist. Es ist natürlich nicht einfach ein Unternehmen zu gründen, doch es ist auch nicht so kompliziert oder beängstigend, wie viele Leute denken.

Es ist ein schrittweises Verfahren, das gesunden Menschenverstand erfordert. Also machen Sie einen Schritt nach dem anderen.

Erster Schritt: das „Was"

Finden Sie heraus, was Sie tun wollen. Sobald Sie die Idee haben, sprechen Sie mit anderen darüber, um herauszufinden, was sie denken. Fragen Sie: „Würden Sie das kaufen und/oder nutzen und wie viel würden Sie dafür bezahlen?"

Bitte erkennen Sie, dass viele Menschen um Sie herum Sie nicht dazu ermutigen werden (einige werden Sie sogar entmutigen oder aktiv versuchen, Sie zu hindern), Ihren unternehmerischen Weg fortzusetzen.

Einige werden Ihnen sagen, dass sie nur Ihr Bestes im Sinn haben; sie wollen nur, „dass Sie die Realität der Situation sehen". Einige werden Ihren Mut beneiden, andere werden Ihnen übelnehmen, dass Sie den Mut haben, tatsächlich etwas zu tun.

Sie dürfen nicht zulassen, dass diese Schwarzseher Sie von Ihrer Reise abbringen und Sie stoppen, bevor sie überhaupt beginnt.

Sobald Sie eine Vorstellung von einem Unternehmen haben, was ist dann das wichtigste Merkmal, das Sie als Unternehmer benötigen?

Durchhaltevermögen.

Wenn Sie mit der Gründung Ihres Unternehmens beginnen, wird Ihnen öfter „Nein" gesagt als je zuvor.

Sie dürfen es nicht persönlich nehmen; Sie müssen über das „Nein" hinwegkommen und zur nächsten Person übergehen – denn letztendlich werden Sie ein „Ja" erhalten.

Lassen Sie mich Ihnen bitte mit einem Beispiel helfen:

Stellen Sie sich vor, Sie backen gerne und eröffnen ein Café.

Nun fragen Sie in Ihrem Bekanntenkreis herum und manche „haben keine Zeit", andere „vertragen keinen Zucker mehr", wieder andere „mögen nur Salziges".

Einige wenige werden Ihnen auch versuchen, ein schlechtes Gewissen zu machen: „Was sagen denn Deine Kinder und Deine Frau, dass Du sonntags nicht bei Ihnen bist? Also ich könnte das nicht..."

Sie bekommen vielleicht Angst. „Wer soll denn in mein Café kommen? Alle sagen „Nein"..."

Aber: Wie viele Plätze hat denn Ihr Café? Und wie viele Einwohner hat Ihr Viertel, Ihre Stadt, Ihr Kreis?

Stellen Sie sich mal vor, dass all diese Menschen nun Ihren Kuchen probieren wollen – so viel Platz haben Sie ja gar nicht.

Sie brauchen auch das „Nein", denn Sie können nicht *alle Menschen* zu Ihren Kunden machen.

Seien Sie froh über jedes „Nein" – es bietet Ihnen die Chance einen anderen, bislang fremden Menschen als Kunden kennenzulernen!

Ja, das klingt nach einem „schwachen Trost".

Tatsächlich – und bitte glauben Sie mir nach fast

30 Jahren Berufserfahrung – sind die fremden Menschen die besten, zufriedensten und freundlichsten Kunden. Viele meiner heutigen guten Freunde habe ich zunächst als meine Kunden kennengelernt.

Eine der häufigsten Warnungen, die Sie hören werden, ist das Risiko.

Jeder wird Ihnen sagen, dass es riskant ist, ein eigenes Unternehmen zu gründen. Sicher, eine Unternehmensgründung ist riskant, aber was ist im Leben nicht riskant? Außerdem gibt es einen Unterschied zwischen unsinnigen und kalkulierten Risiken.

Wenn Sie sorgfältig darüber nachdenken, was Sie tun, sich Unterstützung holen, wenn Sie sie brauchen und nie aufhören Fragen zu stellen, können Sie Ihr Risiko minimieren.

Sie können nicht zulassen, dass das Gespenst des Risikos Sie daran hindert, weiterzumachen.

Fragen Sie sich selbst: „Was riskiere ich wirklich?"

Und bewerten Sie das Risiko. Was geben Sie auf? Was verlieren Sie, wenn es nicht klappt?

Riskieren Sie nicht, was Sie sich nicht leisten können.

Riskieren Sie nicht Ihr Zuhause, Ihre Familie oder Ihre Gesundheit.

Fragen Sie sich selbst: „Wenn das nicht funktioniert, werde ich dann schlechter dran sein als jetzt?" Und dennoch: was bedeutet wirklich „schlechter"? Ich kennen Menschen, die für einen kurzen Zeitraum obdachlos in ihren Autos geschlafen haben – und als ihr Geschäft dann „gezündet" hat, zu echtem und damals nicht vorstellbaren Wohlstand gelangt sind.

Sehr gute Freunde von mir leben seit Jahren mit einem umgebauten Lieferwagen auf der Straße. Sie parken abends am Meer, sind dort, wo sie sich wohlfühlen – und verdienen dabei mit ihren Geschäften mehr als sie je als Angestellte hätten erreichen können.

Gut, dieser Lebensentwurf wäre in dieser Weise nichts für mich – auch wenn ich ein paar Vorteile sehen kann.

Andererseits: jeder Selbständige baut sich auch seine Lebensumstände selbst. Wer in einer tollen Villa auf dem Berg leben will, wird auch das mit einem Geschäft eher schaffen, denn im Angestelltenverhältnis.

Wenn Sie lediglich etwas Zeit, Energie und Geld zu verlieren haben, ist das Risiko unbedingt lohnenswert.

Zu bestimmen, was Sie tun wollen, ist nur der erste Schritt. Sie haben noch eine Menge Hausaufgaben zu erledigen und eine Menge Recherche vor sich.

Der Kauf dieses Buches war ein kluger erster Schritt.

Am wichtigsten: Tun Sie etwas. Lehnen Sie sich nicht Jahr für Jahr zurück und sagen sich selbst: „Das ist das Jahr, in dem ich mein Unternehmen gründen werde." Machen Sie es zu dem Jahr, in dem Sie es wirklich tun!

ZWEITER SCHRITT: ERSTELLEN SIE EINEN KUGELSICHEREN BUSINESSPLAN

Für ein Start-up-Unternehmen ist die Erstellung eines Businessplans wie die Erstellung einer Strategie im Sport. Sie müssen alle Informationen auskundschaften, um eine Gewinnstrategie für das Spiel zu erstellen. Während Businesspläne für bestehende Unternehmen einen besonderen Schwerpunkt haben können, wie zum Beispiel das Festlegen von Gesamtzielen, die Überprüfung bestimmter Abläufe, die Bewertung neuer Produkte, die Bewertung neuer Technologien in der Branche oder ein anderer spezifischer Zweck, ist der Businessplan für ein Startup-Unternehmen die Blaupause für seine Gründung, seinen Betrieb und seinen Erfolg. Ein Businessplan zeigt die Stärken und Schwächen eines neuen Unternehmens auf. Es zeigt Wege auf, wie Sie die Stärken nutzen und die Schwächen minimieren können, deckt alle Facetten des Unternehmens auf, die entwickelt werden können und verweist auf die beste Methode für diese Entwicklung.

Er bietet eine Struktur für die Verfolgung des Unternehmens um die Trophäe des Gewinners.

Auch wenn die Erstellung eines Businessplans Zeit, Gedanken und Mühe in Anspruch nimmt und wie ein Hindernis für die Gründung oder das Wachstum Ihres neuen Unternehmens erscheinen mag, ist es in der heutigen wettbewerbsorientierten Geschäftsumgebung unerlässlich, dass Sie alle relevanten Informationen zur Verfügung haben und bewerten, bevor Sie Ihre Türen öffnen. Mit einem sorgfältig ausgearbeiteten Businessplan treten Sie vorbereitet in die Geschäftswelt ein, sind bereit für die Führung Ihres Unternehmens und bereit für den Wettbewerb.

Obwohl die Recherche und das Schreiben Ihres

Businessplans wie eine gewaltige Aufgabe erscheinen mögen, kann der Prozess mit einer gewissen Vorbereitung recht schmerzlos sein. Während Sie den Prozess durchlaufen, entwickeln Sie Ihr Wissen und Ihr Verständnis für Ihr Unternehmen, verbessern Ihre Erfolgsaussichten und verringern Ihr Risiko des Scheiterns als Start-up-Eigentümer.

Bevor Sie Ihren Businessplan schreiben, gibt es mehrere Probleme, die Sie lösen müssen. Als Selbständiger müssen Sie sich folgende Fragen stellen:

> Sind Sie bereit, ein Unternehmen zu *führen*?

> Haben Sie sich bereits für Ihr(e) *Produk*t(e) oder Ihre *Dienstleistung(en)* entschieden?

> Haben Sie andere Arten von Geschäften untersucht? Haben Sie die großen *Wirtschaftsbereiche* kennengelernt: Fertigung, Großhandel, Einzelhandel, Dienstleistung...?

➢ Haben Sie *andere Branchen* innerhalb und neben der Branche Ihrer Wahl in Betracht gezogen? Haben Sie darüber nachgedacht, welche Arten von Unternehmen jetzt und in Zukunft am stärksten sind?

➢ Haben Sie sich die *Franchises* angeschaut?

➢ Haben Sie einen *Standort* im Sinn? Haben Sie die Prinzipien der Standortwahl erforscht: physische Standortbedürfnisse (Adresse, Nachbarschaft, Innengrundstück, Eckgrundstück), Wirtschaftlichkeit, Innenraum, Außenraum, Sichtbarkeit, Verkehrsaufkommen (welche Straßenseite und Tageszeiten) und Erreichbarkeit? Sind Sie mit den Vor- und Nachteilen von Standort-Typen wie freistehenden Gebäuden, Schaufenstern, regionalen Einkaufszentren und vielen anderen vertraut? Sind Sie mit den Prinzipien der Mietvertragsverhandlung vertraut?

➢ Haben Sie die notwendigen *Unternehmensberater* gefunden – Buchhalter, Anwälte, Banker und andere?

> Aus meiner Sicht ist es ganz wichtig, dass Sie hier ein wirklich tragfähiges *Netzwerk* idealerweise persönlicher Freunde – aufbauen.

Wenn Sie eine persönliche Beziehung zu Ihrem Berater haben, können Sie recht sicher sein, dass Sie gut beraten werden – denn auch diese Berater (in der Regel Angehörige der o.a. „freien Berufe") haben zumeist die gleichen Probleme wie Sie und in ihrem jeweiligen Fach sehr gute Antworten.

Und bitte unterschätzen Sie nicht folgenden Gedanken:

Sie selbst werden – selbst wenn Sie ein Freiberufler sind – anfangs wenig Gefühl für die Fallstricke im Recht, in der Steuer, bei Finanzierungen usw. haben. Erst im Austausch mit ihren Beratern erfahren Sie mehr und dann entwickeln Sie diese gesunde Skepsis gegenüber rechtlichen Regelungen und Rahmenbedingungen, die Sie einhalten müssen.

Hüten Sie sich vor anderen Bekannten, die Ihnen sexy Stories über nicht bezahlte Steuern und rücksichtslose Wettbewerbsverletzungen erzählen, die gleichen Leute die sich auch mit Geschwindigkeitsüberschreitungen brüsten – auch diese werden ihren Führerschein irgendwann verlieren – können SIE sich leisten, sich das als Vorbild nehmen zu wollen?

Unethisches Verhalten mag vordergründig lukrativ und erfolgreich erscheinen – mittel- und langfristig hat es sich bisher IMMER gerächt. Auch wenn es langweilig erscheint: bleiben Sie so moralisch einwandfrei wie möglich. Bezahlen Sie Ihre Steuern, Ihre Lieferanten und Ihre Gläubiger pünktlich – es zahlt sich langfristig aus! Daraus resultiert eine wichtige Frage:

> ➢ Kennen Sie Ihre Finanzlage, Ihre Bonität, Ihre Investitionskosten?

Bevor Sie fortfahren, gehen wir davon aus, dass Sie die grundlegenden Hausaufgaben für jedes der oben genannten Elemente gemacht haben und dass:

> ➢ Sie bereit sind, ins Geschäft einzusteigen.

> ➢ Sie Ihr grundlegendes Geschäftskonzept haben

> ➢ Sie sich für Ihr(e) Basisprodukt(e) oder Ihre Dienstleistung(en) entschieden haben.

> ➢ Sie einen Standort und eine Einrichtung haben.

> ➢ Sie einen Wirtschaftsprüfer/Steuerberater und Rechtsanwalt haben.

> ➢ Sie Ihre Finanzlage und Ihre

Investitionskosten verstehen.

> Sie bereit sind, ehrlich und ethisch einwandfrei zu handeln, weil Sie Ihr Geschäft auf Jahrzehnte unangreifbar aufstellen wollen.

Auch wenn Sie die folgenden Geschäftskonzepte bereits in der Startup-Phase erforscht haben, werden Sie diese bei der Entwicklung Ihres Businessplans überdenken und neu bewerten:

Finanzbedarf
Betriebsabläufe
Leitbild
Unternehmensziele Management
Break-even-Analyse
Marktanalyse
Unternehmensstruktur
Strategien Sperrfrist
Marketingplan Erfolg
Branchenanalyse

Machen Sie sich keine Sorgen, wenn Sie mit all diesen Konzepten nicht vertraut sind. Das Schreiben eines Businessplans für Ihr neues Unternehmen ist ein unkomplizierter Prozess, den Sie Schritt für Schritt bis zur Fertigstellung durchlaufen können.

Der gesamte Prozess kann je nach Unternehmen

in zwei bis vier Wochen abgeschlossen werden.

Eine professionelle Präsentation

Wenn Sie sich viele erfolgreiche Businesspläne ansehen, werden Sie feststellen, dass kein einziges Format zu allen passt. Je nach Art des Unternehmens haben bestimmte Aspekte Vorrang vor anderen. Oft schreiben die Selbständige ihre Businesspläne selbst, da sie am besten über ihre Geschäftsabläufe und ihr Management Bescheid wissen und gelernt haben, welche Elemente sie einbeziehen müssen, um den besten Eindruck zu hinterlassen.

Ein vollständiger Businessplan für ein Startup ist am besten nach der logischen Entwicklung des Unternehmens organisiert und besteht aus mindestens

12 GRUNDKOMPONENTEN.

1. ZUSAMMENFASSUNG:

Definitionsgemäß, um die Elemente Ihres Unternehmens zusammenzufassen.

2. UNTERNEHMENSBESCHREIBUNG:

Zur Identifikation, um Ihre Leser an Ihr Unternehmen und Ihr Geschäftskonzept heranzuführen.

3. BRANCHENANALYSE:

Ein Bild Ihrer Branche und der Position Ihres Unternehmens im größeren Rahmen zu vermitteln.

4. MARKT UND WETTBEWERB:

Um zu beurteilen, worauf Sie sich einlassen. Auch wenn einige Businessplan-Befürworter Markt und Wettbewerb trennen, bedarf es einer Prüfung beider Seiten, um zu einem sehr wichtigen Endergebnis zu kommen: Ihrem Marktanteil. Daher ist es am besten, sie gemeinsam zu prüfen und zu präsentieren.

5. STRATEGIEN UND ZIELE:

Analyse des Marktes und Ihrer Konkurrenz, um festzustellen, wie und wo Ihr Unternehmen oder Ihre Produkte oder Dienstleistungen passen und um Ihre Position in Ihrem Zielmarkt zu maximieren.

6. PRODUKTE ODER DIENSTLEISTUNGEN:

Um Ihre Produkte oder Dienstleistungen zu beschreiben und wie sie zu Ihren Erkenntnissen Ihrer Strategien und Ziele passen.

7. MARKETING UND VERTRIEB:

Um Ihre Produkte oder Dienstleistungen mit der besten Positionierung zu vermarkten und Ihre Umsätze zu prognostizieren.

8. MANAGEMENT UND ORGANISATION:

Um das Management und das Personal vorzustellen, das das Ganze leiten wird. Für komplexere Unternehmen kann dieser Abschnitt in zwei Abschnitte unterteilt werden.

9. BETRIEB:

Um zu erklären, wie das Unternehmen geführt wird.

10. FINANZIELLE FORMULARE:

Prognose einer erfolgreichen finanziellen Performance für alle Aktivitäten

11. FINANZBEDARF:

Darstellung der Art und des Umfangs der Finanzierung, die zur Durchführung des gesamten Plans auf der Grundlage der vorangegangenen Abschnitte erforderlich ist.

12. ANHANG:

Definitionsgemäß den Plan zu schließen und alle Hilfsmaterialien zu trennen, die sonst den Fluss der Story unterbrechen würden.

Ein professionell geschriebener Startup-Businessplan enthält alle 12 dieser grundlegenden Abschnitte in der Reihenfolge der Gliederung. Die meisten der aufgeführten Segmente werden ebenfalls in der gleichen Reihenfolge dargestellt, wobei es je nach

Geschäftsart zu leichten Abweichungen kommen kann. Wenn Ihr Businessplan zur Finanzierung geschrieben wird, kann der Abschnitt Finanzbedarf entweder als Kreditantrag oder als Investitionsangebot zugeschnitten und dann entsprechend betitelt werden.

Bitte achten Sie auch auf

DIE ÄUSSERE FORM

Ein erfolgreicher erster Eindruck

Die Aussage „Es gibt keine zweite Chance, um einen guten ersten Eindruck zu hinterlassen" ist sehr passend, wenn es um die ersten Abschnitte Ihres Businessplans und dessen Gesamtbild geht. Mit dem aktuellen Desktop-Publishing sehen Businesspläne professioneller aus – die Aussichten stehen im Wettbewerb um Sauberkeit und eine beeindruckende Präsentation, die sie von anderen abhebt.

FORMATIEREN.

Was das Format betrifft, so ist es üblich, Ihren Businessplan in Form einer Broschüre mit hochwertigen Materialien zu verbinden. Die besseren Pläne sind hochwertige Berichts-umschläge in dunklen oder satten Farben und sind auf der Vorderseite beschriftet. Das Titelblatt dient mehr als ein Etikett, wenn es laminiert oder hinter einem gefensterten Cover oder hinter einem volltransparenten Cover positioniert ist. Die meisten Arten von Einbänden sind in Kopierzentren verfügbar. Einige Unternehmen gehen den zusätzlichen Schritt, um bedruckte Umschläge oder bedruckte Bindestreifen zu verwenden. Ringbindungen werden seit Jahren verwendet und sind immer noch akzeptabel, doch Sie verbessern Ihre Chancen für den positiven ersten Eindruck, indem Sie die neuesten und professionellsten High-Tech-Materialien verwenden.

Dies ist vor allem abhängig von Ihrer Zielgruppe. Wenn es darum geht, einer IHK Ihr Konzept vorzulegen oder Sie auf der Jagd nach eher unerfahrenen Investoren sind, ist „Hochglanz" ein guter Tipp. Bei sehr erfahrenen Investoren genügt manchmal ein handschriftliches Blatt Papier im Meeting zu erstellen – denn diese Zielgruppe weiß ganz genau, was sie sehen und hören will und eine teure Show ist hier manchmal sogar eher schädlich.

SEITENLAYOUT.

Achten Sie darauf, dass das Layout jeder Seite ausgeglichen und künstlerisch ansprechend ist, mit viel offenem Raum oder Negativraum – Absätze, Zeilen und Zeichen sollten nicht zu eng beieinander liegen. Mit Desktop Publishing stehen viele Arten von Schriften zur Verfügung. Der Text ist in der Regel besser lesbar, wenn Sie eine Schriftart mit Serifen wie New Times Roman, Charter oder Garamond verwenden und die Ränder ausgerichtet sind. Für eine professionelle Qualität von Zahlenwerken oder zahlenlastigem Text verwenden Sie besser eine serifenlose Schriftart wie Arial, Modern oder Verdana für Titel, Kopfseiten, Tabellen und Gliederungen.

Wählen Sie jeweils eine davon und bleiben Sie während der gesamten Präsentation konsistent.

Mit den neuesten Software-Druck-Design-Tools, wie zum Beispiel Kästchen, Rahmen, Schattenlinien und vergrößerte und fettgedruckte Zeichen, kann ein professionelles Design hinzugefügt werden, wenn es richtig gemacht wird, ohne die Aufmerksamkeit auf ihre Verwendung zu lenken und die Show dem Material selbst wegzunehmen. Sofern er sinnvoll platziert ist, wird der Farbdruck immer häufiger eingesetzt.

REGISTERKARTEN UND TITEL.

Jedes Thema, mit Überschrift, sollte einen eigenen Abschnitt haben und durch katalogisierte Teilbereiche getrennt sein, die mit dem

Inhaltsverzeichnis verschlüsselt sind. Registerkarten-Abschnitte erleichtern das Finden von Informationen, insbesondere bei einer persönlichen Präsentation. Ein weiteres Merkmal ist die Verwendung von farbigen Trennwänden, vorzugsweise mit dezenten oder weichen Farben, die mit der Farbe des Covers und den Farben der darin enthaltenen Diagramme oder Grafiken übereinstimmen. Anstelle von benutzerdefinierten Registerkarten werden einige Pläne mit gedruckten Registerkarten mit Miniatur-Kunststoffabdeckungen zusammengestellt, aber wenn Sie Zugang zu vorgedruckten laminierten Registerkarten haben, sind diese besser geeignet.

FARBEN UND DIAGRAMME

Diagramme, Grafiken und Illustrationen sind allgemein akzeptiert, wenn sie dem Text entsprechen. Farben sind oft besser als Schwarz und Weiß; wählen Sie jedoch Rot und Blau, nicht Hellgrün, Gelborange oder eine andere ungewöhnliche Farbe. Wenn Sie umfangreiche farbige Diagramme und Graphen verwenden möchten, wählen Sie ein Motiv mit drei oder vier kräftigen Farben und verwenden Sie es durchweg. Reservieren Sie Fotodrucke für den Anhang. Selbst dann sollten sie in Schutzfolien präsentiert oder in Farbkopien umgewandelt und in Schriftarten beschriftet oder mit Untertiteln versehen werden, die mit dem Rest des Businessplans übereinstimmen. Wenn sie im Hauptteil des Businessplans benötigt werden, wirken die Bilder professioneller, wenn sie gescannt und in das Layout eingearbeitet werden.

DRUCKEN.

Verwenden Sie Laser- oder Tintenstrahldrucker, um auf Papier in Schreibwarenqualität zu drucken. Das Papier sollte das hellste Weiß sein, das Sie finden können, in Laserqualität oder in einem der gedämpften Farbmaterialien in weichem Grau oder Elfenbein. Durch die Verwendung desselben Papiers für Text, Grafiken, Diagramme und Illustrationen bleibt die Konsistenz erhalten, was zu einem hochwertigen, professionellen Erscheinungsbild führt.

Die Verwendung von Teilen aus verschiedenen Papieren erweckt den Eindruck, dass der Plan zusammengewürfelt wurde.

KORREKTURLESEN UND LEKTORAT.

Lassen Sie Ihre Zahlen von einem Buchhalter und den Text von einem Lektor oder Korrekturleser überprüfen. Ein präziser, leicht verständlicher und gut organisierter Text vermittelt Professionalität und Glaubwürdigkeit. Dieser wichtige Schritt wird allzu oft vermieden oder vergessen: Trotz der Arbeit, die in die Erstellung einer beeindruckenden Präsentation investiert wurde, werden Tippfehler, fehlende Wörter, schlechte Satzkonstruktionen und Zahlen, die sich nicht summieren, zu einem wesentlichen Bestandteil des ersten Eindrucks bei einem Prüfer.

Wichtige Punkte, die Sie beachten sollten:

➢ - Ein präziser, leicht verständlicher und gut organisierter Businessplan vermittelt Professionalität und Glaubwürdigkeit.

➢ - Versuchen Sie nicht unbedingt, den Inhalt von Abschnitt zu Abschnitt auszubalancieren. Platzieren Sie Ihren Schwerpunkt in der richtigen Perspektive und betonen Sie die Funktionen, die für Ihr Unternehmen am wichtigsten sind.

➢ - Fügen Sie Ihrem Businessplan immer ein Anschreiben bei, da es an andere Mitarbeiter weitergegeben werden kann, die von Ihrem Vorhaben nichts wissen.

Zuletzt noch ein Tipp:

Falls Sie zum Typ „Unternehmer" gehören, bauen Sie sich bereits in dieser Phase ein Team.

Auf entsprechenden Internetplattformen können Sie Dienstleister finden und buchen, die Ihren Businessplan schön gestalten und formatieren.

Wenn Sie beispielsweise einen Grafikdesigner in Ihrem Bekanntenkreis haben – nutzen Sie diesen Kontakt. Und wundern Sie sich nicht: Falls Ihr Businessplan überzeugt, könnten Sie gefragt werden, ob Sie noch eine Stelle frei haben... und wieder erweitert sich Ihr Team.

DRITTER SCHRITT: VOLL- ODER TEILZEIT?

Sollten Sie Ihr Unternehmen als Teilzeit- oder Vollzeitbeschäftigung starten?

Selbst wenn Sie letztendlich planen, das Ganze als Vollzeitbeschäftigung aufzunehmen, sind viele Unternehmer und Experten der Meinung, dass der Einstieg in die Teilzeitselbstständigkeit eine gute Idee sein kann.

Der Einstieg in die Teilzeitselbstständigkeit bietet mehrere Vorteile.

Es reduziert Ihr Risiko, weil Sie sich auf Ihr Einkommen verlassen können und von Ihrem Vollzeitjob profitieren.

Die Teilzeitbeschäftigung ermöglicht es Ihrem Unternehmen zudem schrittweise zu wachsen.

Für viele Menschen ist auch eine „Exit-Strategie" oder ein „Plan-B" wichtig, um weiter gut zu schlafen. Eine Teilzeitselbständigkeit wieder zu schließen hat natürlich weniger Risiko und Auswirkungen, als mit einer kompletten Vollzeitselbständigkeit zu scheitern.

Risiken gibt es natürlich auch. Manche Teilzeit-Selbständige sind gescheitert, weil Sie vom Hauptjob so sehr belastet wurden, dass sie ihre Selbständigkeit nicht mehr ausreichend umsetzen konnten.

Manchmal wurden ihnen auch im Hauptjob ganz bewusst mehr Aufgaben zugewiesen, weil der Arbeitgeber die parallele Selbständigkeit und damit auch die drohende Unabhängigkeit seiner Mitarbeiter/in nicht akzeptieren will.

Und nicht zuletzt ist auch die eigene Persönlichkeit ein Risiko: es ist ungleich schwieriger, eine Teilzeitselbständigkeit genauso ernst zu nehmen und immer gleichbleibend mit hoher Energie zu betreuen, als wenn man in Vollzeit keine konkurrierenden Aufgaben und weniger Ablenkungen hat.

TREIBENDE KRÄFTE UND ERFOLGSFAKTOREN

Die Entwicklung eines erfolgreichen Startups erfordert Zeit, Talent und einen soliden Geschäftssinn. Es ist zwar verständlich, dass einige Leute die Zukunft eines Startups vollständig an die Idee dahinter binden wollen, doch der endgültige Erfolg oder Misserfolg eines Startups wird tatsächlich von einem komplexen und vielfältigen Spektrum von Faktoren, Entscheidungen und Umständen bestimmt.

ZEITPUNKT

Betreten Sie den Markt, wenn er für Ihr Angebot bereit ist

Es gibt zwei Hauptgründe, warum die Entwicklung einer guten Idee für den unternehmerischen Erfolg weniger entscheidend ist, als die meisten Menschen denken. Der erste ist, dass eine Idee an sich nichts darüber aussagt, wie ein Unternehmen geführt wird. Der zweite ist, dass Ideen und Timing nie voneinander getrennt werden können, wenn es um Unternehmertum geht.

Ein anschauliches Beispiel für dieses Phänomen sind Fahrgemeinschafts-Apps. Solange das Konzept der Taxis existiert hat, gab es zahlreiche Mängel bei der Ausführung der Dienstleistung.

In vielen Städten sind sie entweder zu teuer oder zu selten verfügbar, um ein zuverlässiges Verkehrsmittel für Menschen darzustellen, welche sie regelmäßig benötigen.

Wenn man die verschiedenen regulatorischen Aspekte, das Korruptionspotenzial und die weit verbreiteten Kundenbeschwerden hinzuzählt, wird deutlich, dass die traditionelle Taxiindustrie seit vielen Jahren reif für den Wettbewerb mit einem innovativen Wettbewerber ist.

Während die Idee hinter den Mitfahr- gelegenheiten von Natur aus innovativ ist, war bis vor kurzem der Zeitpunkt nicht der richtige für die Idee, um sich zu etablieren.

Dies liegt zum einen daran, dass die Technologie, die den Prozess wirtschaftlich realisierbar macht, relativ neu ist und zum anderen daran, dass sich die Menschen gerade erst mit den Möglichkeiten der digitalen Wirtschaft vertraut machen.

TEAM

Stellen Sie die richtigen Teammitglieder ein, um Ihre Vision umzusetzen

Ich könnte das gesamte Kapitel damit verbringen, darüber zu sprechen, wie wichtig es ist, die besten Leute einzustellen und es wäre dennoch nicht so viel Zeit, wie dieses Thema verdient. Sie werden Mitarbeiter brauchen, um zu wachsen und die Menschen, mit denen Sie sich auf dieser Reise zusammenschließen, werden die Kultur, die Werte und die Leistung des Unternehmens maßgeblich prägen.

Während Ihre Mitarbeiter Einfluss auf die Umsetzung Ihrer Vision haben, ist es am Ende des Tages immer noch Ihre Vision. Das bedeutet: wenn Sie die ersten Mitglieder Ihres Teams einstellen, müssen Sie nach Leuten suchen, die ein klares Verständnis Ihrer Vision und konkrete Ideen haben, die Ihnen helfen, diese in die Tat umzusetzen. Sie müssen von Menschen umgeben sein, die den Zweck Ihres Unternehmens, Ihre Kunden und die Umsetzung Ihrer Vision kennen. Vertrauen ist entscheidend. Ohne Vertrauen werden Sie immer an Ihren Entscheidungen zweifeln. Wenn jemand Ihnen einen Grund gibt, ihm während des Einstellungsprozesses zu misstrauen, ist es am besten, ihm für seine Zeit zu danken, ihn zu verabschieden und mit der Suche weiterzumachen. Der potenzielle Nutzen übertrifft die Risiken in dem Fall nicht.

Anpassungsfähigkeit ist ebenfalls von entscheidender Bedeutung, denn die Arbeit in einem Startup kann das Ausführen Dutzender verschiedener Rollen auf einmal erfordern.

Wenn eines Ihrer Teammitglieder ein wichtiges Gespräch mit einem Kunden führt und die Situation gestört ist, sollten Sie sicher gehen, dass er die Situation einschätzen und schnell reagieren kann.

Sie sollten sich mit Menschen umgeben, die Ihre Werte teilen. Das bedeutet nicht, dass sie genauso sein müssen wie Sie; tatsächlich kann die Einstellung eines vielfältigen Teams von Mitarbeitern, die unterschiedliche Erfahrungen und Hintergründe mitbringen, für das Unternehmen ideal sein. Aber Sie sollten in der Lage sein, eine gemeinsame Basis zu finden, wenn es um Strategien geht, die für das Überleben und Wachstum des Unternehmens essenziell sind.

Meinungsverschiedenheiten entstehen notwendigerweise und wenn sie auftreten, sollten Sie diese mit Leuten haben, die respektvoll sind und nach den gemeinsamen Zielen der Organisation im Hinterkopf handeln.

Obwohl die Delegation eine wichtige Fähigkeit für Existenzgründer ist, die sie beherrschen müssen, ist die Personalbeschaffung ein Bereich, in dem Sie darauf bestehen sollten, direkt involviert zu sein – besonders in den frühen Phasen der Lebensspanne des Unternehmens. Übernehmen Sie eine aktive Rolle bei allen Einstellungsentscheidungen, bis Sie stabile Teams mit starken Führungskräften aufgebaut haben, die genau verstehen, was Sie erwarten und Ergebnisse liefern können.

VERTRIEB

Erstellen Sie ein skalierbares Vertriebsmodell

Wenn Sie den langfristigen Plan für Ihr Startup erstellen, werden Sie mit einer großen Unsicherheit konfrontiert. Vielleicht nicht mehr, als wenn Sie versuchen zu entscheiden, ob Sie ein realisierbares und skalierbares Geschäftsmodell zur Unterstützung Ihrer Idee aufbauen können. Schließlich gibt es so viele Variablen, die ins Spiel kommen und so viele Entwicklungen, die den Kurs Ihres Unternehmens verändern können, dass es selbst für erfahrene Unternehmer äußerst schwierig ist, vorherzusagen, ob ihr Vertriebsmodell in der Lage sein wird, das Unternehmen durch frühes Wachstum und

Nachhaltigkeit zu stärken.

Irgendwann müssen Sie herausfinden, was Ihre Umsatz-Bezugsgrößen sind, wie viel Sie ausgeben wollen, um Ihre Ziele zu erreichen und wie nachhaltig das Modell auf Basis Ihrer Wachstumsprognosen sein wird. Sie verkaufen ohne ein endgültiges Verkaufsmodell, warten aber nicht zu lange, um eines zu erstellen. Sie müssen bald ein detailliertes Modell vorbereiten lassen, damit Sie schnelle Entscheidungen bezüglich Wachstumschancen treffen oder entscheiden können, wie viel Sie für Vertrieb und Marketing ausgeben können, wenn Sie es benötigen.

FÜHRUNG

Stellen Sie ein Führungsteam auf, das bereit ist, zuzuhören und zu lernen

Selbstvertrauen ist oft ein großartiges Attribut. Sie und Ihre Mitarbeiter sollten sich wohl fühlen, wenn sie hinter dem Wert Ihres Produkts oder Ihrer Dienstleistung stehen. Dennoch können Sie Fehler machen.

Dementsprechend müssen Sie und Ihre Mitarbeiter daraus lernen, wenn Sie langfristig erfolgreich sein wollen.

Der beste Weg dies zu erreichen, ist sich mit Geschäftspartnern zu umgeben, die verstehen, dass Scheitern eine Gelegenheit zum Lernen und zur Verbesserung ist. Tatsächlich gibt es zahlreiche Beispiele für erfolgreiche Unternehmer, die beschreiben, wie Misserfolge sie und ihr Unternehmen gestärkt haben. Der Versuch, Misserfolge und Fehler in Ihrem Unternehmen zu beseitigen, ist ein hoffnungsloser Fall. Wenn Sie und die anderen Führungskräfte in Ihrem Unternehmen jedoch lernen, Misserfolge als Chance zur Verbesserung zu erkennen, werden Sie in der Lage sein, daraus einen Mehrwert zu machen.

INVESTITIONEN

Heben Sie sich die Investition für die Notwendigkeiten auf!

Das Erhalten Ihrer ersten Runde der Risikofinanzierung als Unternehmer scheint wie ein Weihnachtsmorgen als Kind: Menschen geben Ihnen Kapital, weil sie an Sie glauben und darauf vertrauen, dass Sie eine Rendite aus ihrer Investition generieren. Es ist verlockend, schon früh im Leben eines Unternehmens so viel Geld wie möglich zu sammeln. Wer träumt nicht davon, wie Apple zu sein und auf riesigen Geldreserven zu sitzen, die ein ganzes Land kaufen könnten?

Sie sollten dieser Versuchung jedoch widerstehen. Es ist besser für die langfristige Gesundheit Ihres Startups, wenn Sie nur die Mittel aufbringen, die Sie benötigen, um die speziellen Ziele zu erreichen, die Sie sofort erwarten. Dies ist eines der Grundprinzipien der Lean-Start-Up-Methodik, das es Ihnen ermöglicht, flexibler zu sein und Innovationen erleichtert, wenn die Umstände es erfordern.

Darüber hinaus können Sie sich in der Anfangsphase Ihres Start-ups auf Inkubatoren und andere Programme verlassen, die von erfolgreichen Unternehmen oder von erfahrenen Unternehmern und Investoren bereitgestellt werden. Diese Initiativen helfen kleinen Unternehmen zu wachsen und erhöhen ihre Chancen auf langfristigen Erfolg.

STRUKTUR

Verlassen Sie sich auf eine Stützstruktur

Das Leben eines Unternehmers ist voller Widersprüche. Es ist ein Leben, das von Perioden intensiver Freude und Stress, Aufregung und

Schufterei, Kameradschaft und Einsamkeit geprägt ist. Viele unerfahrene Unternehmer denken nicht sehr oft an die negativen Aspekte. Sie erwarten, dass sie zu sehr mit der Zusammenarbeit, der Strategie und dem Verkauf ihrer Vision beschäftigt sein werden, um jemals wahre Einsamkeit zu erleben.

Startup-Gründer, die bereits durch den Weckruf geführt wurden, wissen, dass es oft einsam wird. Das ist ein Grund, warum die erfolgreichsten Start-ups von Führungskräften geleitet werden, die über starke Stützstrukturen verfügen. Das kann jede Kombination aus Familie, Freunden, beruflichen Netzwerken, Geschäftspartnern, Bürgerinitiativen usw. sein. Aber wen auch immer Sie wählen: diese Unterstützung muss zuverlässig und in Ihrem Leben verankert sein.

Mehrwert schaffen

Verinnerlichen Sie den Mehrwert als Kernkonzept

Die effektivsten Startups basieren auf dem Konzept des Mehrwerts und die erfolgreichsten Unternehmer verstehen, dass der Wert im Mittelpunkt all ihrer Aktivitäten steht. Die unternehmerische Idee ist eine Vorstellung des Wertes, die strategische Planung ist ein Kanal für Wert, Markenbildung und Marketing kommunizieren den Wert, der Verkauf ist eine gegenseitige Wertübertragung und das Onboarding ist eine Verpflichtung zum Wert.

Wenn diese Vision vollständig umgesetzt wird, ist jeder Schritt während des gesamten Prozesses von Natur aus sinnvoll, denn sie sind alle mit einem konkreten Wert verbunden. Wann immer die Größe und der Umfang Ihres Start-ups entmutigend erscheint, sollten Sie daran denken, alle Funktionen und Fakten durch die Linse des Wertes zu betrachten, um das ganze Unternehmen ins rechte Licht zu rücken und Ihren Fokus auf den richtigen Ort zu lenken.

Es gibt keine Garantie dafür, dass Ihr Startup erfolgreich sein wird, doch mit einer soliden Strategie, die auf diesen Faktoren basiert, geben Sie Ihren Ideen eine kämpferische Chance, anderen einen Mehrwert zu bieten. Die Wirtschaft ist reif für Disruptionen, wie Tom Goodwin schreibt, „Uber, das größte Taxiunternehmen der Welt, besitzt keine Fahrzeuge. Facebook, der weltweit beliebteste Medienbesitzer, erstellt keine Inhalte. Alibaba, der wertvollste Einzelhändler, hat keinen Bestand. Und Airbnb, der weltweit größte Anbieter von Unterkünften, besitzt keine Immobilien. Etwas Interessantes passiert gerade." Ihre nächste interessante Startup-Idee könnte die nächste sein, die die Welt verändert.

Und das Wichtigste:

SKALIERUNG

Lösen Sie Ihr Geschäft von Ihrer Person

Gerade bei Freiberuflern und Geschäften die auf Ihrem eigenen Wissen und Ihren eigenen Fähigkeiten basieren, werden Sie in die Versuchung kommen, sich selbst zu Ihrem besten Produkt zu machen.

So etwas funktioniert sehr gut – man nennt das inzwischen die „personal brand"; Sie selbst werden zu Ihrer eigenen Marke.

Bekannte Erfolgstrainer wie Tony Robbins, Dale Carnegie, Jürgen Höller und viele andere sind diesen Weg gegangen.

So erfolgreich dieser Weg sein kann, so verführerisch es erscheint prominent zu sein – so riskant ist dies für Ihren wirtschaftlichen Erfolg. Denn sobald Sie selbst ausfallen (gesundheitlich, durch andere äußere Faktoren oder was auch immer) steht Ihr Geschäft still und Ihre Einnahmen brechen Ihnen weg.

Skalierbarkeit heißt hier, dass Sie es schaffen, ein Unternehmen zu bauen, das immer noch funktioniert und beste Erträge und Ihr

Einkommen auch dann garantiert, wenn Sie selbst einmal – und wenn auch nur kurzfristig – nicht aktiv sind.

Niemandem ist heute der Name bewusst, der einmal das Papiertaschentuch erfunden hat. Aber an der Marke „Tempo" verdienen auch heute noch Menschen viel Geld...

Also denken Sie bitte kurz darüber nach, ob Ihnen Ihr Ego wichtig ist – und dann denken Sie bitte nochmals darüber nach, ob es nicht vielleicht attraktiver und intelligenter sein könnte, ein Geschäft zu bauen, das auch noch hochprofitabel arbeitet, wenn Sie irgendwo auf der Welt am Strand liegen und nicht selbst „an der Front" agieren müssen...

DEFINIEREN SIE IHREN MARKT

Sie haben eine großartige Idee für Ihr (zukünftiges) Unternehmen entwickelt... aber Sie sind noch nicht bereit zu starten. Bevor Sie weitermachen, ist der nächste Schritt herauszufinden, wer Ihr Markt ist. Es gibt zwei grundlegende Märkte, an die Sie verkaufen können: Verbraucher und Unternehmen. Diese Unterteilungen sind ziemlich offensichtlich. Wenn Sie beispielsweise Damenbekleidung aus einem Einzelhandelsgeschäft verkaufen, ist Ihr Zielmarkt der Verbraucher; wenn Sie Bürobedarf verkaufen, ist Ihr Zielmarkt Unternehmen (dies wird als „B2B"-Verkauf bezeichnet).

In einigen Fällen – zum Beispiel, wenn Sie eine Druckerei betreiben – können Sie sowohl an Unternehmen als auch an einzelne Verbraucher vermarkten. Kein Unternehmen – insbesondere kein kleines – kann für alle Menschen alles sein. Je enger Sie Ihren Zielmarkt definieren können, desto besser. Dieser Prozess wird als Nischenbildung bezeichnet und ist selbst für die größten Unternehmen der Schlüssel zum Erfolg. Walmart und Tiffany sind beides Einzelhändler, aber sie haben sehr unterschiedliche Nischen: Walmart bedient schnäppchenorientierte Käufer, während Tiffany an gehobene Schmuckkonsumenten appelliert.

DAS NISCHENGESCHÄFT

Eine gute Nische zu schaffen, bedeutet einem siebenstufigen Prozess zu folgen:

1. ERSTELLEN SIE EINE WUNSCHLISTE.

Mit wem wollen Sie Geschäfte machen? Seien Sie so konkret wie möglich: Identifizieren Sie die geografische Reichweite und die Art der Unternehmen oder Kunden, die Sie mit Ihrem Unternehmen ansprechen möchten. Wenn Sie nicht wissen, mit wem Sie Geschäfte machen wollen, können Sie keinen Kontakt herstellen. Sie müssen erkennen, dass Sie nicht mit jedem Geschäfte machen können. Andernfalls riskieren Sie, sich selbst zu erschöpfen und Ihre Kunden zu verwirren. Heutzutage geht der Trend zu kleineren Nischen zu.

Die Zielgruppe der Jugendlichen ist nicht spezifisch genug; die der männlichen, deutschen Jugendlichen mit einem Familieneinkommen von 40.000 Euro und mehr hingegen ist es. Die

Zielsetzung, sich an Unternehmen zu wenden, die Software verkaufen, ist zu weit gefasst; die Zielgruppe der Berliner Unternehmen, die Internet-Softwareverkäufe und -schulungen anbieten und einen Umsatz von 15 Millionen Euro oder mehr erzielen, ist ein besseres Ziel.

2. FOKUSSIEREN SIE SICH.

Verdeutlichen Sie, was Sie verkaufen wollen, indem Sie sich an Folgendes erinnern: a) Sie können nicht alles für alle Menschen sein und b) „kleiner ist größer". Ihre Nische ist nicht dasselbe wie das Gebiet, in dem Sie arbeiten. So ist beispielsweise ein Bekleidungseinzelhandel keine Nische, sondern ein Bereich. Eine spezifischere Nische könnte „Mutterschaftskleidung für leitende Frauen" sein. Um diesen Fokussierungsprozess zu beginnen, schlage ich vor, diese Techniken zu verwenden, um Ihnen zu helfen:

- Erstellen Sie eine Liste der Dinge, die Sie am besten können und die Fähigkeiten, die in jedem von ihnen enthalten sind.

- Listen Sie Ihre Erfolge auf.

- Identifizieren Sie die wichtigsten Lektionen, die Sie im Leben gelernt haben.

- Suchen Sie nach Mustern, die Ihren Stil oder Ihre Herangehensweise an die Problemlösung offenbaren.

Ihre Nische sollte sich natürlich aus Ihren Interessen und Erfahrungen ergeben. Wenn Sie beispielsweise zehn Jahre in einem Beratungsunternehmen, aber auch zehn Jahre in einem kleinen Familienunternehmen gearbeitet haben, könnten Sie sich dafür entscheiden, ein Beratungsunternehmen zu gründen, das sich auf kleine Familienunternehmen spezialisiert hat.

3. BESCHREIBEN SIE DIE WELTANSCHAUUNG DES KUNDEN.

Ein erfolgreiches Unternehmen verwendet diese Regel: "Behandle andere, wie sie sich selbst behandeln würden" Wenn Sie die Welt aus der Perspektive Ihrer potenziellen Kunden betrachten, können Sie deren Bedürfnisse oder Wünsche identifizieren. Der beste Weg, dies zu tun, ist mit potenziellen Kunden zu sprechen und ihre wichtigsten Anliegen zu identifizieren.

Hier kommt auch wieder die Nische ins Spiel: Falls Sie beispielsweise Winzer sind, ist die Frage ob Sie „Meßwein" produzieren wollen sofort mit Ihrer eigenen Weltanschauung und insbesondere der Ihrer dann wichtigen Kunden verbunden.

Wenn Sie möchten, machen Sie eine kleine

Übung:

Welche Weltanschauungen erwarten Sie bei Ihren Kunden wenn Sie folgende Geschäfte betreiben müssten – Motorradzubehörshop, Shop für Bio-Obst und Bio-Gemüse, einen Werkzeug-Shop oder einen kleinen Shop für Tabakwaren und Lotto...?

4. FASSEN SIE ZUSAMMEN.

In dieser Phase sollte Ihre Nische beginnen, Gestalt anzunehmen, während Ihre Ideen und die Bedürfnisse und Wünsche des Kunden zusammenwachsen, um etwas Neues zu schaffen. Eine gute Nische hat fünf Eigenschaften:

- Sie bringt Sie dorthin, wo Sie hinwollen – mit anderen Worten, es entspricht Ihrer langfristigen Vision.

- Jemand anderes will es – nämlich Kunden.

- Sie ist sorgfältig geplant.

- Sie ist einzigartig (die einzige Option).

- Sie entwickelt sich weiter, sodass Sie verschiedene Profit Center entwickeln und dennoch das Kerngeschäft behalten können, was den langfristigen Erfolg sichert.

5. BEWERTEN SIE.

Jetzt ist es an der Zeit, Ihr vorgeschlagenes Produkt oder Ihre Dienstleistung anhand der fünf Kriterien in Schritt 4 zu bewerten. Vielleicht werden Sie feststellen, dass die Nische, die Sie im Sinn hatten, mehr Geschäftsreisen erfordert, als Sie sich vorstellen können. Das bedeutet, dass es eines der oben genannten Kriterien nicht erfüllt – es wird Sie nicht dorthin bringen, wo Sie hinwollen. Also streichen Sie es und kommen Sie zur nächsten Idee.

6. TESTEN SIE.

Sobald Sie eine Übereinstimmung zwischen Nische und Produkt haben, testen Sie es. Geben Sie den Menschen die Möglichkeit, Ihr Produkt oder Ihre Dienstleistung zu kaufen – nicht nur theoretisch, sondern auch tatsächlich. Dies kann durch das Anbieten von Mustern geschehen, wie zum Beispiel ein kostenloses Miniseminar oder ein Probeexemplar Ihres Newsletters.

Der Test sollte Sie nicht viel Geld kosten. Wenn Sie riesige Mengen an Geld für den ersten Markttest ausgeben, machen Sie es wahrscheinlich falsch.

Zur Gestaltung, Durchführung und auch kosteneffizienten Umsetzung solcher Tests finden Sie sehr viele Informationen im Internet. Es ist eher nicht erforderlich, eine teure Agentur zu beauftragen. Das wiederum macht dann definitiv Sinn, wenn es für Sie um eine entsprechen teure und aufwändige Gründung geht.

Als Idee einer Faustregel: Geben Sie nicht mehr als 1% Ihres geplanten Jahresumsatzes für den Test aus.

7. Los geht's!

Es ist an der Zeit, Ihre Idee umzusetzen. Für viele Unternehmer ist dies die schwierigste Phase. Aber keine Angst: Wenn Sie Ihre Hausaufgaben gemacht haben, wird der Markteintritt ein kalkuliertes Risiko sein, nicht nur ein Glücksspiel.

Halten Sie es frisch

Sobald Ihre Nische aufgebaut und von Ihrem Markt gut angenommen wird, sind Sie vielleicht versucht, sich auf Ihren Lorbeeren auszuruhen. Das ist keine gute Idee. Sie müssen weiterwachsen, indem Sie eine weitere Nischensuche betreiben. Das bedeutet nicht, dass Sie Ihren Fokus völlig ändern, sondern ihn weiter an die Umgebung um Sie herum anpassen.

Stellen Sie sich die folgenden Fragen, wenn Sie denken, dass Sie Ihre Nische gefunden haben – und stellen Sie diese etwa alle sechs Monate erneut, um sicherzustellen, dass Ihre Nische noch auf Kurs ist:

- ➢ - Wer sind Ihre Zielkunden?

- ➢ - Wer sind nicht Ihre Zielkunden?

- ➢ - Lehnen Sie bestimmte Arten von Geschäften ab, wenn sie außerhalb Ihrer Nische liegen?

- ➢ - Was glauben die Kunden, wofür Sie stehen?

- ➢ - Befindet sich Ihre Nische in einem ständigen Entwicklungsstadium?

- ➢ - Bietet Ihre Nische das, was potenzielle Kunden wollen?

- ➢ - Haben Sie ein Planungs- und Liefersystem, das den Bedarf an Ihrer Nische effektiv an den richtigen Markt kommuniziert?

- ➢ - Können Sie den Lebenszyklus Ihrer Nische mit Sicherheit vorhersagen?

- ➢ Wenn Sie nur für das Geld arbeiten, werden Sie es nie schaffen - aber wenn Sie das, was Sie tun, lieben und immer den Kunden an oberste Stelle setzen, wird der Erfolg Ihnen gehören.

➢ Wie kann Ihre Nische zu einer Vielzahl von Produkten oder Dienstleistungen ausgebaut werden, die als Profit Center fungieren?

➢ Haben Sie ein Gefühl von Leidenschaft und konzentrierter Energie in Bezug auf Ihre Nische?

➢ Fühlt sich Ihre Nische bequem und natürlich an?

➢ Wie wird die Verfolgung Ihrer Nische dazu beitragen, die Ziele zu erreichen, die Sie sich für Ihr Unternehmen gesetzt haben?

Die Schaffung einer Nische ist der Unterschied zwischen dem erfolgreichen Auftreten und dem Nichtbestehen im Geschäft. Es ist der Unterschied zwischen Überleben und Gedeihen, zwischen der einfachen Lust an dem, was man tut und der Freude am Erfolg.

Ihre Unternehmensmission

1. Warum sind Sie im Geschäft?

   Was wollen Sie für sich, Ihre Familie und Ihre Kunden? Denken Sie an den Funken, der Ihre Entscheidung, ein Unternehmen zu gründen, ausgelöst hat. Was hält ihn am Brennen?

2. Wer sind Ihre Kunden?

   Was können Sie für sie tun, das ihr Leben bereichert und zu ihrem Erfolg beiträgt – jetzt und in Zukunft?

3. Welches Bild von Ihrem Unternehmen möchten Sie vermitteln?

   Kunden, Lieferanten, Mitarbeiter und die Öffentlichkeit werden alle Wahrnehmungen über Ihr Unternehmen haben. Wie werden Sie das gewünschte Bild erstellen?

4. Was ist die Art Ihrer Produkte und Dienstleistungen?

5. Welche Faktoren bestimmen Preis und Qualität?

   Überlegen Sie, wie sich diese auf die Gründe für die Existenz Ihres Unternehmens beziehen. Wie wird sich das alles im Laufe der Zeit ändern?

6. Welchen Leistungsumfang bieten Sie an?

   Die meisten Unternehmen glauben, dass sie „den besten verfügbaren Service" anbieten, aber stimmen Ihnen dazu Ihre Kunden zu? Seien Sie nicht vage; definieren Sie selbst, was Ihren Service so außergewöhnlich macht.

7. Welche Rolle spielen Sie und Ihre Mitarbeiter?

   Erfahrene und gute Führungspersönlichkeiten entwickeln einen Führungsstil, der Mitarbeiter organisiert, herausfordert und anerkennt.

8. Welche Art von Beziehungen werden Sie zu Lieferanten pflegen?

   Jedes Unternehmen ist partnerschaftlich mit seinen Lieferanten verbunden. Wenn Sie Erfolg haben, tun sie es auch.

9. Worin unterscheiden Sie sich von den Mitbewerbern?

   Viele Unternehmer vergessen, dass sie die gleichen Euros wie ihre Konkurrenten verfolgen. Was machen Sie besser, billiger oder schneller als die Konkurrenz? Wie können Sie die Schwächen der Wettbewerber zu Ihrem Vorteil nutzen?

10. Wie werden Sie Technologie, Kapital,

Prozesse, Produkte und Dienstleistungen einsetzen, um Ihre Ziele zu erreichen?

Eine Beschreibung Ihrer Strategie hält Ihre Energien auf Ihre Ziele ausgerichtet.

11. Welche zugrunde liegenden Philosophien oder Werte haben Ihre Antworten auf die vorherigen Fragen bestimmt?

Einige Unternehmen beschließen, diese separat aufzuführen. Das Aufschreiben verdeutlicht das „Warum" hinter Ihrer Mission.

Bitte glauben Sie mir: Für wirklich viele Ihrer Kunden und Partner ist das Thema „Mission" wichtig und hat großen Einfluss auf die Kaufentscheidung.

DIE WAHL EINES STANDORTES FÜR IHR UNTERNEHMEN

Wo sollten Sie Ihr Unternehmen einrichten? Ein Experte wird Ihnen sagen, dass der Standort für den Erfolg Ihres Unternehmens absolut entscheidend ist, ein anderer wird argumentieren, dass es wirklich egal ist, wo Sie sich befinden – und beide haben Recht.

Wie wichtig der Standort für Ihr neues Unternehmen ist, hängt von der Art des Unternehmens, den Einrichtungen und anderen Ressourcen ab, die Sie benötigen und wo Ihre Kunden sind.

Falls Sie im Einzelhandel tätig sind oder wenn Sie ein Produkt herstellen und der Vertrieb ein kritisches Element Ihrer gesamten Geschäftstätigkeit ist, dann ist die geografische Lage äußerst wichtig.

Wenn es sich bei Ihrem Unternehmen um ein informations- oder dienstleistungsbezogenes Unternehmen handelt, tritt der tatsächliche Standort in den Hintergrund, um festzustellen, ob die Betriebsstätte selbst Ihren Bedürfnissen entsprechen kann.

Bevor Sie mit dem Kauf von Flächen beginnen, müssen Sie sich unabhängig von der Art Ihres Unternehmens ein klares Bild davon machen, was Sie haben müssen, was Sie gerne haben würden, was Sie absolut nicht tolerieren werden und wie viel Sie bezahlen können. Die Entwicklung dieses Bildes kann ein zeitaufwändiger Prozess sein, der sowohl aufregend als auch langweilig ist, aber es ist wichtig, dass Sie ihm die Aufmerksamkeit schenken, die er verdient.

Obwohl viele Anlauffehler nachträglich korrigiert werden können, ist eine schlechte Standortwahl schwierig und manchmal sogar unmöglich zu reparieren.

ARTEN VON STANDORTEN

Die Art des Standorts, den Sie wählen, hängt weitgehend von der Art des Geschäfts ab, in dem Sie sich befinden, aber es gibt genug Bereiche mit gemischter Nutzung und kreative Raumnutzung, die Sie sich vor einer endgültigen Entscheidung überlegen sollten. Zum Beispiel haben Gewerbegebiete und Bürogebäude typischerweise Einzelhandelsflächen, damit sie die Restaurants und Geschäfte anziehen können, die sich

Geschäftsmieter in der Nähe wünschen. In Einkaufszentren gibt es oft eine Reihe professioneller Dienstleistungen – Buchhaltungen, Versicherungen, Medizin, Recht, etc. – sowie Einzelhändler. Es ist durchaus möglich, dass eine bestimmte Version des nichttraditionellen Raums für Sie funktioniert, also verwenden Sie Ihre Fantasie.

HEIMARBEITSPLATZ.

Das ist in der heutigen Zeit wahrscheinlich der beliebteste Standort für ein Unternehmen und viele Unternehmer beginnen zu Hause und ziehen dann in den Geschäftsraum, wenn ihr Unternehmen wächst. Andere beginnen zu Hause ohne den Gedanken oder die Absicht, sich jemals woanders hinzubewegen. Sie könnten ein Heimarbeitsplatz aus einem Büro, einem Ersatzschlafzimmer, dem Keller, dem Dachboden oder sogar am Küchentisch führen.

Auf der positiven Seite brauchen Sie sich keine Sorgen um Mietverträge, umfangreiche Einlagen oder Pendeln zu machen. Andererseits ist Ihr Raum für physisches Wachstum begrenzt und Sie werden vielleicht feststellen, dass die Unterbringung von Mitarbeitern oder Besprechungen mit Kunden zu einer

Herausforderung werden kann.

Ein weiterer Gesichtspunkt hierbei ist – insbesondere für Freiberufler, die häufig bei Ihren Kunden vor Ort und ansonsten „zuhause im Büro" anzutreffen sind – die Frage, wo beispielsweise auch eine Steuerprüfung durchgeführt werden kann. Hier empfiehlt es sich, dauerhaft mit einem Steuerberater zusammenzuarbeiten, der dann die Prüfung von Ihrem Zuhause fernhalten können wird.

EINZELHANDEL.

Einzelhandelsflächen gibt es in verschiedenen Formen und Größen und können in freistehenden Gebäuden, geschlossenen Einkaufszentren, Einkaufsstraßen, Einkaufsvierteln in der Innenstadt oder gemischten Einrichtungen aufzufinden sein. Sie finden Einzelhandelsflächen auch an Flughäfen und anderen Verkehrsanlagen, Hotellobbys, Sportstadien und temporären oder speziellen Veranstaltungsorten.

- Mobil. Ob Sie nun an die Öffentlichkeit oder an andere Unternehmen verkaufen, ob Sie ein Produkt oder eine Dienstleistung haben, die Sie Ihren Kunden anbieten, Ihr idealer „Standort" könnte ein Auto, ein Kleintransporter oder ein LKW sein. Beispielsweise wären hier die „Food

Trucks", rollenden „Espresso-Bars" und Marktbeschicker zu nennen.

GEWERBLICH.

Die Gewerbeflächen bieten noch mehr Möglichkeiten als der Einzelhandel. Gewerbliche Bürogebäude und Gewerbegebiete bieten traditionelle Büroflächen für Unternehmen, die keinen nennenswerten Fußgänger- oder Autoverkehr für den Verkauf benötigen. Gewerbliche Büroflächen finden Sie in innerstädtischen Geschäftsvierteln, Gewerbegebieten und manchmal verstreut zwischen vorstädtischen Einzelhandelseinrichtungen. Eine zu berücksichtigende Bürooption ist ein „Office Service", wobei der Vermieter Empfangsdame und Sekretariat, Faxgeräte, Fotokopierer, Konferenzräume und andere unterstützende Dienstleistungen als Teil des Pakets anbietet. „Office Services" helfen Ihnen dabei, das Image eines professionellen Betriebs zu einem erschwinglicheren Preis zu vermitteln und sind in den meisten gewerblichen Büroflächen zu finden.

Allerdings teilen Sie sich diese Ressourcen mit oftmals sehr vielen anderen (Klein-)Unternehmen und dies kann sehr unangenehm werden, wenn Sie beispielsweise eine adhoc-Konferenz organisieren müssen, aber alle Räume bereits anderweitig belegt sind.

INDUSTRIELL.

Wenn Ihr Unternehmen mit der Produktion oder dem Schwertransport zu tun hat, benötigen Sie ein Werk oder eine Lagerhalle. Leichte Industriegebiete ziehen in der Regel kleinere Hersteller in umweltfreundlichen Branchen sowie Unternehmen an, die neben Produktionsanlagen auch Ausstellungsräume benötigen. Schwerindustriegebiete sind in der Regel älter und schlecht geplant und bieten in der Regel einen Zugang zu Schienen- und/oder Schifffahrtshäfen. Obwohl Industriegebiete im Allgemeinen neuer sind und oft über bessere Infrastrukturen verfügen, sollten Sie ein freistehendes Gewerbegebäude in Betracht ziehen, das Ihren Bedürfnissen entspricht und angemessen ist.

VORGEHENSWEISE

Wird Ihr Betrieb formal und elegant sein? Oder entspannt und lässig? Ihr Standort sollte mit

Ihrem speziellen Stil und Image übereinstimmen. Wenn Ihr Unternehmen im Einzelhandel tätig ist, möchten Sie ein traditionelles Geschäft eröffnen oder möchten Sie versuchen, von einem Kiosk (oder Stand) in einem Einkaufszentrum oder einem Wagen aus zu arbeiten, den Sie an verschiedene Orte bringen können? Wenn Sie in einer traditionellen Einkaufspassage oder einem Einkaufszentrum sind, wird Ihnen die Immobilie erlauben, einen Bürgersteigverkauf durchzuführen, falls Sie möchten. Können Sie Ihre Fenster so dekorieren, wie Sie es wünschen? Und hier ist eine weitere Option: Erwägen Sie die Eröffnung eines Pop-up-Einzelhandelsstandortes. Pop-up-Einzelhandelsunternehmen tauchen plötzlich unangekündigt an unübersehbaren Orten auf, ziehen (hoffentlich) große Menschenmassen an, verschwinden dann oder verwandeln sich in eine andere Art von Einzelhandelsstandort, sobald sie das Geld gesammelt haben. In einigen Fällen sind diese Geschäfte für eine lächerlich kurze Zeitspanne im Betrieb – von nur wenigen Tagen bis zu wenigen Wochen. Aber sie sind eine großartige Möglichkeit, um das lokale Interesse an Ihrem Produkt zu ermitteln, das Produkt schnell zu bewegen und neue Begeisterung und Interesse an dem zu erzeugen, was Sie verkaufen. Halloween- und Weihnachtsmärkte nutzen das Konzept seit Jahren erfolgreich und einige der größten Mainstream-Einzelhändler wie Target, Toys R Us und Gap haben das Konzept ebenfalls übernommen. Pop-up-Flächen werden in der Regel gegen eine Pauschale vorübergehend vermietet, sodass Sie nicht an einen typischen Einzelhandelsvertrag von etwa fünf Jahren gebunden sind. Da Vermieter selbstverständlich immer darauf aus sind, Flächen zu vermieten, müssen Sie in der Regel nur darum bitten, einen großartigen Pop-up-Standort zu finden.

DEMOGRAFIE

Es gibt zwei wichtige Aspekte in Bezug auf das Thema Demografie. Der eine sind Ihre Kunden, der andere sind Ihre Mitarbeiter. Überlegen Sie zunächst, wer Ihre Kunden sind und wie wichtig ihre Nähe zu Ihrem Standort ist. Für einen Einzelhändler und einige Dienstleister ist dies von entscheidender Bedeutung; für andere Arten von Unternehmen ist es möglicherweise nicht so wichtig.

Das demografische Profil, das Sie für Ihren Zielmarkt entwickelt haben, wird Ihnen dabei helfen, diese Entscheidung zu treffen.

Dann werfen Sie einen Blick auf die Gemeinde. Wenn Ihr Kundenstamm örtlich verteilt ist, ist die Bevölkerung groß genug oder entspricht ein ausreichender Prozentsatz dieser Bevölkerung Ihrem Kundenprofil, um Ihr Unternehmen zu unterstützen? Hat die Gemeinde eine stabile wirtschaftliche Basis, die ein gesundes Umfeld für Ihr Unternehmen bietet? Seien Sie vorsichtig, wenn Sie Gemeinden betrachten, die in ihrer Wirtschaft weitgehend von einer bestimmten Branche abhängig sind; ein Abschwung könnte für Ihr Unternehmen ein Todesurteil sein. Denken Sie jetzt an Ihre Arbeitskräfte. Welche Fähigkeiten benötigen Sie und sind Menschen mit diesen Talenten verfügbar? Hat die Gemeinde die Ressourcen, um ihren Bedürfnissen gerecht zu werden? Gibt es genügend Wohnungen in der entsprechenden Preisklasse? Werden Ihre Mitarbeiter die Schulen, Freizeitmöglichkeiten, die Kultur und andere Aspekte der Gemeinde zufriedenstellend finden?

Besonders wenn die Wirtschaft stark ist und die Arbeitslosenzahlen niedrig sind, sind Sie vielleicht besorgt über die Verfügbarkeit guter Arbeitskräfte. Denken Sie daran, dass in vielen Bereichen nur wenige Menschen arbeitslos sind, während viele unterbeschäftigt sein können.

Wenn Sie attraktive Jobs zu wettbewerbsfähigen Löhnen anbieten, fällt es Ihnen vielleicht leichter, Ihr Unternehmen zu besetzen, als Sie dachten. Schauen Sie über die grundlegenden Beschäftigungsstatistiken hinaus, um herauszufinden, wie der Arbeitsmarkt wirklich aussieht.

Demographische Informationen stehen Ihnen über eine Vielzahl von Ressourcen zur Verfügung. Sie könnten die Recherche selbst durchführen, indem Sie die Bibliothek besuchen oder das Statistische Bundesamt anrufen und eine Reihe von Statistiken sammeln, um dann herauszufinden, was sie bedeuten - aber die Chancen stehen gut, dass Sie wahrscheinlich nicht die Zeit oder die statistische Expertise haben, dies zu tun.

Warum lassen Sie es also nicht andere Leute für Sie tun - Menschen, die wissen, wie man die Daten sammelt und in Informationen übersetzt, die Sie verstehen und verwenden können? Wenden Sie sich an Ihre staatliche, regionale oder lokale Wirtschaftsförderungsagentur oder an gewerbliche Immobilienunternehmen und nutzen Sie die Daten, die sie bereits erhoben, analysiert und verarbeitet haben.

PERSONALBESCHAFFUNG

Einstellen oder nicht einstellen? Das ist die Frage, die sich ein frischgebackener Selbständiger stellt. Das Einstellen eines einzigen Mitarbeiters ändert alles. Plötzlich benötigen Sie Gehaltsabrechnungsverfahren, Regelungen für Arbeitszeiten und eine Richtlinie für Urlaubsgeld. Sie sind mit einer Vielzahl von gesetzlichen Anforderungen und Managementaufgaben konfrontiert, mit denen Sie nie zu kämpfen hätten, wenn Sie alleine arbeiten würden. Um zu entscheiden, ob Sie Mitarbeiter benötigen, werfen Sie einen genaueren Blick auf Ihre eigentlichen Ziele. Wollen Sie das nächste Starbucks kreieren oder wollen Sie einfach nach Ihren eigenen Vorstellungen arbeiten, ohne dass Ihnen ein Chef über die Schulter schaut? Wenn Ihre Ziele bescheiden sind, dann ist das Einbeziehen eines Personals vielleicht nicht die beste Lösung für Sie. Wenn Sie Mitarbeiter benötigen, gibt es viele Möglichkeiten, Ihren Personalbedarf zu decken — ohne dass Sie dabei verrückt werden. Von

Zeitarbeitsfirmen und unabhängigen Auftrag-nehmern bis hin zu Arbeitnehmerüberlassung - dieses Kapitel gibt einen genaueren Einblick in die Ge- und Verbote der Personalbeschaffung in Ihrem Unternehmen. Nachdem Sie es gelesen haben, werden Sie eine bessere Vorstellung davon haben, ob die Personalbeschaffung die richtige Lösung für Sie ist. Bitte beachten Sie: Wir dürfen hier keinen Rechtsrat erteilen und können auch keine Gewähr für Vollständigkeit und vollständige Richtigkeit geben – das liegt in der Natur der Schnelllebigkeit des Arbeitsrechts und in den gesetzlichen Vorgaben der beratenden Berufen.

Das Kapitel soll Sie aber sensibilisieren und Ihnen helfen, mit den richtigen Fragen zu Ihrem Berater zu kommen.

WIE SIE MITARBEITER EINSTELLEN

Die Mitarbeiter, die Sie einstellen, können Ihr Unternehmen voranbringen oder zerstören. Auch wenn Sie versucht sein könnten, die erste Person einzustellen, die durch die Tür kommt, „nur um es hinter sich zu bringen", kann dies ein fataler Fehler sein. Ein kleines Unternehmen kann es sich nicht leisten, Ballast zu tragen, also fangen Sie smart an, indem Sie sich die Zeit nehmen,

Ihren Personalbedarf herauszufinden, bevor Sie überhaupt anfangen nach Job-Kandidaten zu suchen.

ARBEITSPLATZANALYSE

Zuerst müssen Sie die Anforderungen der zu besetzenden Stelle verstehen. Welche Art von Persönlichkeit, Erfahrung und Ausbildung werden benötigt? Um diese Eigenschaften zu bestimmen, sollten Sie eine Arbeitsplatzanalyse durchführen, die die folgenden Bereiche abdeckt:

➢ Die damit verbundenen körperlichen/mentalen Aufgaben (von der Beurteilung, Planung und Leitung bis hin zur Reinigung, dem Heben und Schweißen)

➢ Wie die Arbeit erledigt wird (die verwendeten Methoden und Geräte)

➢ Der Grund für die Stellenbesetzung (einschließlich einer Erläuterung der Stellenziele und deren Beziehung zu anderen Stellen im Unternehmen).

➢ Die erforderlichen Qualifikationen (Ausbildung, Kenntnisse, Fähigkeiten und Persönlichkeitsmerkmale)

Wenn Sie Probleme damit haben, können Sie Informationen für eine Arbeitsplatzanalyse erhalten, indem Sie mit Mitarbeitern und

Vorgesetzten anderer Unternehmen sprechen, die ähnliche Positionen haben.

STELLENBESCHREIBUNG

Verwenden Sie die Arbeitsplatzanalyse, um eine Stellenbeschreibung und ein Anforderungsprofil zu erstellen. Ausgehend von diesen Konzepten können Sie dann Ihre Personalbeschaffungsmaterialien, wie zum Beispiel eine Kleinanzeige, erstellen. Die Stellenbeschreibung ist im Wesentlichen ein Überblick darüber, wie die Stelle in das Unternehmen passt. Es sollte in groben Zügen auf die Ziele, Verantwortlichkeiten und Aufgaben der Stelle hinweisen. Schreiben Sie zunächst die Berufsbezeichnung auf und an wen sich diese Person wenden wird.

Entwickeln Sie anschließend eine Arbeitsanweisung oder eine Zusammenfassung, die die Haupt- und Nebenaufgaben der Position beschreibt. Definieren Sie abschließend, wie sich die Stelle auf andere Positionen im Unternehmen bezieht. Welche sind untergeordnet und welche sind von gleicher Verantwortung und Autorität?

Für ein Ein-Personen-Unternehmen, das seinen ersten Mitarbeiter einstellt, mögen diese Schritte unnötig erscheinen, aber denken Sie daran: Sie legen den Grundstein für Ihre Personalpolitik, welche für das Wachstum Ihres Unternehmens unerlässlich sein wird.

Wenn Sie detaillierte Aufzeichnungen von dem Zeitpunkt an führen, an dem Sie Ihren ersten Mitarbeiter einstellen, wird es Ihnen viel leichter fallen, wenn Sie Ihren 50. Mitarbeiter einstellen. Die Arbeitsanforderung beschreibt die persönlichen Anforderungen, die Sie an den Mitarbeiter stellen. Sie enthält ebenso wie die Stellenbeschreibung die Stellenbezeichnung, an wen die Person berichtet und eine Zusammenfassung der Position. Es werden jedoch auch alle Bildungsanforderungen, die gewünschte Erfahrung und die erforderlichen besonderen Fähigkeiten oder Kenntnisse aufgeführt. Geben Sie die Gehaltsspanne und die Leistungen an. Abschließend listen Sie alle physischen oder sonstigen besonderen Anforderungen im Zusammenhang mit der Arbeit sowie alle Gefahren am Arbeitsplatz auf. Das Verfassen der Stellenbeschreibung und des Stellenangebots hilft Ihnen auch bei der Entscheidung, ob Sie einen Teil- oder Vollzeitbeschäftigten benötigen, ob die Stelle dauerhaft oder vorübergehend besetzt sein sollte und ob Sie einen unabhängigen Auftragnehmer zur Besetzung der Stelle hinzuziehen könnten.

Die Mitarbeiterakquise

Die offensichtliche erste Wahl für die Einstellung von Mitarbeitern ist der Kleinanzeigenteil Ihrer Lokalzeitung, sowohl in der gedruckten als auch in der Online-Version.

Schalten Sie Ihre Anzeige in der Sonntags- oder Wochenendausgabe der auflagenstärksten Lokalzeitungen. Darüber hinaus gibt es jedoch noch viele andere Möglichkeiten, gute Mitarbeiter zu finden. Hier sind einige Ideen:

- **Nutzen Sie Ihr persönliches und professionelles Netzwerk.** Erzählen Sie allen, die Sie kennen – Freunden, Nachbarn, Berufskollegen, Kunden, Verkäufern, Kollegen aus Verbänden – dass Sie eine freie Stelle haben. Vielleicht weiß jemand vom perfekten Kandidaten.

- **Kontaktieren Sie die Vermittlungsstellen der Schulen.** Listen Sie Ihre Stellenangebote bei Handels- und Berufsschulen, Hochschulen und Universitäten auf. Erkundigen Sie sich bei Ihrem örtlichen Schulamt, ob die Schulen in Ihrer Nähe über Berufsausbildungs- und Vermittlungsprogramme verfügen.

- **Stellen Sie Mitteilungen in Senioreneinrichtungen aus.** Rentner, die ein zusätzliches Einkommen oder eine produktive Art und Weise benötigen, um ihre Zeit zu verbringen, können ausgezeichnete Mitarbeiter sein (ich weiß, wie verrückt das zunächst klingen mag).

- **Wenden Sie sich an eine Agentur für Arbeit.** Private und von der Regierung geförderte Agenturen können bei der Suche und Auswahl von Bewerbern helfen. Oftmals sind die Gebühren durch die Zeit- und Geldsumme, die Sie dadurch sparen, mehr als gerechtfertigt.

- **Führen Sie Ihre Stellenangebote bei einer geeigneten Stellenbörse auf.** Viele Berufsverbände haben Jobbörsen für ihre Mitglieder. Kontaktieren Sie branchenbezogene Gruppen, auch wenn sie sich außerhalb Ihrer Region befinden und bitten Sie diese, ihre Mitglieder auf Ihren Personalbedarf hinzuweisen.

- **Verwenden Sie Branchenpublikationen.** In Newslettern und Branchenpublikationen von Fachverbänden gibt es oft klassifizierte Anzeigenbereiche, in denen Mitglieder Stellenangebote veröffentlichen können.

Dies ist ein sehr effektiver Weg, um qualifizierte Mitarbeiter in Ihrer Branche anzuziehen.

- **Schauen Sie online nach.** Es gibt eine Vielzahl von Online-Jobbörsen und Datenbanken, die es Arbeitgebern ermöglichen, Stellenangebote aufzulisten. Diese Datenbanken können von potenziellen Mitarbeitern aus dem ganzen Land durchsucht werden. Eine, die es zu erforschen gilt: LinkedIn, eine internationale professionelle Networking-Website, auf der Sie Stellenangebote veröffentlichen und Kandidaten über das automatisierte Talent-Matching-System der Website finden können. Schauen Sie es sich unter linkedin.com an. Eher auf den nur deutschsprachigen Raum gezielt finden Sie eine ähnliche Plattform unter XING.com

DAS VORSTELLUNGSGESPRÄCH

Sobald Sie Ihren Stapel von Lebensläufen auf etwa zehn Top-Kandidaten eingegrenzt haben, ist es an der Zeit, Interviews zu organisieren. Wenn Sie diesen Teil des Prozesses fürchten, sind Sie nicht allein. Glücklicherweise gibt es einige Möglichkeiten, sich selbst und die Kandidaten zu beruhigen und sicherzustellen, dass Sie alle Informationen erhalten, die Sie benötigen, um eine intelligente Entscheidung zu treffen.

Beginnen Sie mit der Vorbereitung einer Liste grundlegender Interviewfragen im Voraus. Sie werden diese Liste zwar nicht wie einen Roboter vorlesen, aber wenn Sie sie vor sich haben, können Sie sicherstellen, dass Sie alle Grundlagen abdecken und auch dafür sorgen, dass Sie allen Kandidaten die gleichen Fragen stellen.

Die ersten Momente eines Vorstellungsgesprächs sind die wichtigsten. Wenn Sie den Kandidaten treffen und ihm die Hand schütteln, werden Sie einen starken Eindruck von seiner Haltung, seinem Selbstvertrauen und seiner Begeisterung (oder seinem Mangel dessen) gewinnen. Zu den Eigenschaften, nach denen Sie Ausschau halten sollten, gehören gute Kommunikations-fähigkeiten, ein gepflegtes und sauberes Auftreten sowie eine freundliche und begeisterte Art. Beruhigen Sie den Befragten mit einem kleinen Small Talk über neutrale Themen. Eine gute Möglichkeit, das Eis zu brechen, besteht darin, den Job zu erklären und das Unternehmen zu beschreiben – das Geschäft, die Geschichte und die Zukunftspläne.

Dann kommen Sie zum Kern des Vorstellungsgesprächs. Sie sollten nach mehreren allgemeinen Bereichen fragen, wie zum Beispiel nach vergleichbarer Erfahrung, Fähigkeiten, Ausbildung oder dem Werdegang und unabhängigen Jobs. Eröffnen Sie jedes Thema mit einer allgemeinen, offenen Frage, wie zum Beispiel „Erzählen Sie mir von Ihrem letzten Job". Vermeiden Sie Fragen, die mit „ja" oder „nein" beantwortet werden können oder die offensichtliche Antworten hervorrufen, wie zum Beispiel „Sind Sie detailorientiert?" Stellen Sie stattdessen Fragen, die den Kandidaten zwingen ins Detail zu gehen. Die besten Fragen sind Folgefragen wie „Wie ist diese Situation entstanden?" oder „Warum haben Sie das getan?" Diese Fragen zwingen die Bewerber, vorgeplante Antworten zu verwerfen und tiefer zu graben. Hier sind einige Interviewfragen, um Ihnen den Einstieg zu erleichtern:

- ➢ Wenn Sie den perfekten Job für sich selbst entwerfen könnten, was würden Sie tun? Warum?

- ➢ Welche Art von Vorgesetzter holt die beste Arbeit aus Ihnen heraus?

- ➢ Wie würden Sie Ihren derzeitigen Vorgesetzten beschreiben?

- ➢ Wie strukturieren Sie Ihre Zeit?

> Was sind drei Dinge, die Ihnen an Ihrem aktuellen Job gefallen?

> Was waren Ihre drei größten Erfolge in Ihrem letzten Job? In Ihrer Karriere?

> Was können Sie für unser Unternehmen tun, was sonst niemand kann?

> Was sind Ihre Stärken und Schwächen?

> Wie weit können Sie Ihrer Meinung nach in diesem Unternehmen gehen? Warum?

> Was werden Sie in fünf Jahren tun?

> Was interessiert Sie am meisten an diesem Unternehmen und an dieser Stelle?

> Beschreiben Sie drei Situationen, in denen Ihre Arbeit kritisiert wurde.

> Haben Sie schon mal Leute eingestellt? Wenn ja, wonach haben Sie gesucht?

Die Antworten Ihres Kandidaten geben Ihnen einen Einblick in sein Wissen, seine Einstellung und seinen Sinn für Humor. Achten Sie auf Anzeichen von Negativität in Bezug auf ehemalige Arbeitgeber. Seien Sie auch vorsichtig in Bereichen, in denen die Leute scheinbar zögern, darüber zu sprechen. Forschen Sie ein wenig tiefer, ohne zu urteilen. Achten Sie auch auf die nonverbalen Hinweise des Kandidaten. Wirkt er wachsam und interessiert oder schläft er und gähnt?

Sind seine Klamotten zerknittert und verschmutzt oder sauber und ordentlich? Eine Person, die sich keine Mühe für das Vorstellungsgespräch machen kann, wird sich mit Sicherheit keine am Arbeitsplatz machen, wenn sie eingestellt wird.

Schließlich sollten Sie am Ende des Vorstellungsgesprächs Zeit lassen, damit der Bewerber Fragen stellen kann – und darauf achten, was er oder sie fragt. Dies ist der Zeitpunkt, an dem Bewerber wirklich zeigen können, dass sie ihre Hausaufgaben gemacht und Ihr Unternehmen recherchiert haben... oder umgekehrt, dass sie sich nur darum kümmern, was sie aus dem Job herausholen können. Offensichtlich gibt es einen großen Unterschied zwischen einer Person, die sagt: „Ich stelle fest, dass sich der Umsatz Ihres größten Konkurrenten seit dem Start seiner Website im Januar verdoppelt hat. Haben Sie vor, eine eigene Website zu entwickeln?" und der Person, die fragt: „Wie lange ist die Mittagspause?" Ebenso zeigen Kandidaten, die nicht einmal eine Frage stellen können, dass sie nicht schnell und spontan reagieren können.

Beenden Sie das Vorstellungsgespräch, indem Sie die Bewerber wissen lassen, was sie als nächstes erwartet. Wie lange werden Sie noch Vorstellungsgespräche führen? Wann können die Bewerber erwarten, von Ihnen zu hören? Sie haben es mit den Lebensgrundlagen anderer Menschen zu tun, sodass die Woche, in der Sie Ihre Vorstellungsgespräche beenden, für diese Menschen wie eine Ewigkeit erscheinen kann. Zeigen Sie etwas Rücksicht, indem Sie sie auf dem Laufenden halten. Machen Sie während des Vorstellungsgesprächs Notizen (ohne dabei auffällig zu sein). Geben Sie nach dem Vorstellungsgespräch fünf oder zehn Minuten Zeit, um die herausragenden Eigenschaften des Bewerbers aufzuschreiben und seine Persönlichkeit und Fähigkeiten anhand Ihrer Stellenbeschreibung und Spezifikationen zu bewerten.

NACH DER EINSTELLUNG

Herzlichen Glückwunsch! Sie haben Ihren ersten Mitarbeiter eingestellt. Was jetzt? Sobald Sie die Bewerber einstellen, sollten Sie die Bewerber kontaktieren (telefonisch oder per Post), die es nicht geschafft haben und ihnen sagen, dass Sie ihre Bewerbungen in den Akten behalten werden.

So müssen Sie nicht bei der Einstellung Ihres zweiten Mitarbeiters von Grund auf neu anfangen, wenn die Person, die Sie eingestellt haben, nicht die beste ist – oder so gut ist, dass sich das Geschäft verdoppelt. Erstellen Sie für jeden Bewerber, den Sie interviewt haben, eine Datei mit Ihren Bewerbungsunterlagen, dem Lebenslauf und dem Schreiben. Für die Person, die Sie einstellen, wird diese Datei zur Grundlage für ihre Personalakte. In der heutigen Zeit, in der Bewerber gelegentlich einen Arbeitgeber verklagen, wenn er sich gegen eine Einstellung entscheidet, ist es eine gute Idee, alle Unterlagen im Zusammenhang mit einer Einstellung (oder Nicht-Einstellung) zu führen. Insbesondere für höherrangige Positionen, bei denen Sie das Auswahlverfahren auf zwei oder drei Kandidaten einschränken, fügen Sie eine kurze Notiz oder ein Memo in die Akte jedes Bewerbers ein, in der Sie erläutern, warum er oder sie eingestellt wurde oder nicht eingestellt wurde.

Der Einstellungsprozess endet nicht mit der Personalauswahl. Der erste Tag Ihres neuen Mitarbeiters ist entscheidend. Die Menschen sind am ersten Tag am meisten motiviert. Bauen Sie auf die Dynamik dieser Motivation, indem Sie einen Arbeitsplatz für sie einrichten, der sie gemütlich fühlen lässt und willkommen heißt. Werfen Sie sie nicht einfach in ein Büro und schließen die Tür. Bereiten Sie sich darauf vor, einige Zeit mit ihnen zu verbringen, ihnen berufliche Aufgaben zu erklären, sie ihren Bürokollegen vorzustellen, sie in die Arbeit einzuführen oder sie sogar zum Mittagessen mitzunehmen. Auf diese Weise bauen Sie Rapport auf und schaffen die Voraussetzungen für eine lange und glückliche Zusammenarbeit.

VERMARKTEN SIE IHR UNTERNEHMEN

Sie wissen vielleicht, wie Sie das perfekte Produkt entwickeln oder einen exzellenten Service bieten, aber wissen Sie auch, wie Sie Ihr Unternehmen vermarkten können? Wenn nicht, wird all Ihr Fachwissen nicht ausreichen, um Ihr Unternehmen am Leben zu erhalten. Ohne Marketing wird niemand wissen, dass Ihr Unternehmen existiert – und wenn Kunden nicht wissen, dass Sie da sind, werden Sie keine Verkäufe tätigen. Werbung muss nicht unbedingt Multimillionen-Euro-TV-Werbung bedeuten.

Es gibt viele Möglichkeiten, Ihr Unternehmen zu vermarkten, die erschwinglich oder sogar kostenlos sind. Alles, was Sie dafür brauchen, ist ein wenig Marketing-Know-how und die Hingabe, an einem ganzjährigen Programm festzuhalten, das eine solide Mischung aus bewährten Taktiken beinhaltet.

ERSTELLEN SIE EINEN MARKETINGPLAN

Jeder weiß, dass man einen Businessplan braucht, aber viele Unternehmer erkennen nicht, dass ein Marketingplan genauso wichtig ist. Im Gegensatz zu einem Businessplan konzentriert sich ein Marketingplan auf die Gewinnung und Bindung von Kunden. Ein Marketingplan ist strategisch und beinhaltet Zahlen, Fakten und Ziele. Das Marketing unterstützt den Vertrieb und ein guter Marketingplan beschreibt alle Werkzeuge und Taktiken, die Sie zur Erreichung Ihrer Verkaufsziele einsetzen werden. Es ist Ihr Handlungsplan – was Sie verkaufen werden, wer es kaufen will und welche Taktiken Sie anwenden werden, um Leads zu generieren, die zu Verkäufen führen. Und wenn Sie Ihren Marketingplan nicht nutzen, um Ihre Finanzierung zu unterstützen, muss er nicht langwierig oder schön geschrieben sein. Verwenden Sie gegliederte Abschnitte und kommen Sie direkt auf den Punkt.

Hier ist ein genauerer Blick auf die Erstellung eines funktionierenden Marketingplans.

Erster Schritt: Beginnen Sie mit einem Auszug aus der aktuellen Situation Ihres Unternehmens, der als „Situationsanalyse" bezeichnet wird.

Dieser erste Abschnitt des Marketingplans definiert Ihr Unternehmen und seine Produkte oder Dienstleistungen und zeigt dann, wie die Vorteile, die Sie bieten, Sie von Ihrer Konkurrenz abheben. Die Zielgruppen sind extrem spezialisiert und segmentiert. So gibt es beispielsweise Hunderte von Zielgruppenzeitschriften, die jeweils auf ein bestimmtes Marktsegment ausgerichtet sind. Unabhängig von Ihrer Branche, von Restaurants über professionelle Dienstleistungen bis hin zu Bekleidungsgeschäften, erfordert die wettbewerbsfähige Positionierung Ihres Produkts oder Ihrer Dienstleistung ein Verständnis für Ihren Nischenmarkt. Sie müssen nicht nur in der Lage sein zu beschreiben, was Sie vermarkten, sondern auch ein klares Verständnis davon haben, was Ihre Wettbewerber anbieten und aufzeigen können, dass Ihr Produkt oder Ihre Dienstleistung einen besseren Wert bietet.

Machen Sie Ihre Situationsanalyse zu einem prägnanten Überblick über die Stärken, Schwächen, Chancen und Risiken Ihres Unternehmens (ähnlich wie zu Beginn des Buches beschrieben). Stärken und Schwächen beziehen sich auf Merkmale, die in Ihrem Unternehmen vorhanden sind, während sich Chancen und

Risiken auf externe Faktoren beziehen. Um die Stärken Ihres Unternehmens zu ermitteln, überlegen Sie sich, wie die Produkte anderen überlegen sind, oder ob Ihre Dienstleistung beispielsweise umfassender ist. Was bieten Sie, das Ihrem Unternehmen einen Wettbewerbsvorteil verschafft? Schwächen können dagegen alles sein, von der Tätigkeit in einem hoch gesättigten Markt bis hin zum Mangel an erfahrenen Mitarbeitern. Beschreiben Sie anschließend alle externen Möglichkeiten, die Sie nutzen können, wie zum Beispiel einen expandierenden Markt für Ihr Produkt. Vergessen Sie nicht, alle externen Bedrohungen für die Fähigkeit Ihres Unternehmens, Marktanteile zu gewinnen einzubeziehen, damit nachfolgende Abschnitte Ihres Plans detailliert darlegen können, wie Sie diese Bedrohungen überwinden können.

Die Positionierung Ihres Produkts erfolgt in zwei Schritten. Zuerst müssen Sie die Eigenschaften Ihres Produkts analysieren und entscheiden, wie sie Ihr Produkt von seinen Mitbewerbern unterscheiden. Zweitens: entscheiden Sie, welche Art von Kunde am ehesten Ihr Produkt kaufen wird. Was verkaufen Sie – Bequemlichkeit? Qualität? Rabattpreise? Sie können nicht alles anbieten. Wenn Sie wissen, was Ihre Kunden wollen, können Sie entscheiden, was Sie anbieten wollen und das bringt uns zum nächsten Abschnitt Ihres Plans.

Zweiter Schritt: Beschreiben Sie Ihre Zielgruppe

Die Entwicklung eines einfachen, übersichtlichen Profils Ihres potenziellen Kunden ist der zweite Schritt eines effektiven Marketingplans. Sie können potenzielle Kunden in Bezug auf die Demografie – Alter, Geschlecht, Familienzusammensetzung, Einkommen und geografische Lage – sowie den Lebensstil beschreiben. Fragen Sie sich Folgendes: Sind meine Kunden konservativ oder innovativ? Anführer oder Anhänger? Schüchtern oder aggressiv? Traditionell oder modern? Introvertiert oder extrovertiert? Wie oft kaufen sie das, was ich anbiete? In welcher Menge? Wenn Sie ein B2B-Vermarkter sind, können Sie Ihre Zielgruppe basierend auf der Art des Unternehmens, der Berufsbezeichnung, der Größe des Unternehmens, der geografischen Lage oder anderen Merkmalen definieren, die ihnen Perspektiven ermöglichen. Ziehen Sie die Inhaber von Unternehmen mit 25 oder weniger Mitarbeitern oder mittlere Führungskräfte aus Fortune-500-Unternehmen ins Visier?

Unabhängig davon, wer Ihre Zielgruppe ist,

sollten Sie sie in diesem Abschnitt genau definieren, da sie Ihnen bei der Planung Ihrer Medien- und PR-Kampagnen als Leitfaden dienen wird. Je enger Sie Ihre Zielgruppe definieren, desto weniger Geld verschwenden Sie für Werbung und PR in schlecht fokussierten Medien und die unqualifizierten Leads, die sie generieren würden.

Dritter Schritt: Auflisten Ihrer Marketingziele

Was soll Ihr Marketingplan bewirken? Hoffen Sie beispielsweise auf eine 20-prozentige Umsatzsteigerung Ihres Produkts pro Quartal? Schreiben Sie eine kurze Liste von Zielen auf – und gestalten Sie diese messbar, damit Sie wissen, wann Sie sie erreicht haben.

Vierter Schritt: Entwicklung der Marketingkommunikationsstrategien und der Taktiken, die Sie anwenden werden

Dieser Abschnitt ist das Herz und die Seele Ihres Marketingplans. In den vorherigen Abschnitten haben Sie dargelegt, was Ihr Marketing erreichen muss und was Ihre besten potenziellen Kunden identifiziert; jetzt ist es an der Zeit, die Taktiken im Detail zu beschreiben, damit Sie diese Kunden erreichen und Ihre Ziele verwirklichen können. Ein gutes Marketingprogramm zielt auf potenzielle Kunden in allen Phasen Ihres

Verkaufszyklus ab.

Einige Marketing-Taktiken, wie viele Formen der Werbung, Public Relations und Direktmarketing, sind ideal, um potenzielle Kunden zu erreichen. Kunden, die zuvor mit Ihrer Marketingbotschaft in Berührung gekommen sind und Sie vielleicht sogar persönlich kennengelernt haben, reagieren am besten auf erlaubnisbasierte E-Mails, Treueprogramme und Kundenwertschätzungsveranstaltungen. Ihre „heißesten" Interessenten sind Personen, die Ihren Verkaufs- und Marketingbotschaften ausgesetzt waren und bereit sind, einen Verkauf abzuschließen. In der Regel wird durch den zwischenmenschlichen Verkaufskontakt (persönlich, telefonisch oder per E-Mail) in Kombination mit dem Marketing die letzte Wärme erzeugt, die zum Abschluss des Verkaufs notwendig ist.

Um Ihren Taktikabschnitt zu vervollständigen, skizzieren Sie Ihre primären Marketingstrategien und fügen Sie dann eine Vielzahl von Taktiken hinzu, mit denen Sie potenzielle Kunden zu jedem Zeitpunkt in Ihrem Verkaufszyklus erreichen können. Sie können beispielsweise Außenwerbetafeln, Printwerbung und lokale Online-Suchen kombinieren, um potenzielle

Kunden zu erreichen und gleichzeitig per E-Mail Ihre aktuellen Kunden kontaktieren. Schließlich können Sie Einzelgespräche nutzen, um den Verkauf abzuschließen.

Vergessen Sie nicht, kostenlose Materialien zur Unterstützung des Verkaufs zu verwenden: Wenn Sie beispielsweise planen, sich mit potenziellen Kunden zu treffen, um die von Ihnen generierten Leads zu verfolgen, benötigen Sie Broschüren und Präsentationsmaterial. Um Ihren idealen Marketing-Mix zu ermitteln, finden Sie heraus, auf welche Medien sich Ihre Zielgruppe stützt, um Informationen über die Art des Produkts oder der Dienstleistung zu erhalten, die Sie verkaufen. Vermeiden Sie breit gefächerte Medien, auch wenn sie Ihre Zielgruppe ansprechen – wenn die Inhalte nicht relevant sind. Die Marketing-Taktiken, die Sie wählen, müssen Ihre potenziellen Kunden erreichen, wenn sie für Ihre Botschaft am empfänglichsten sind.

Fünfter Schritt: Legen Sie Ihr Marketingbudget fest

Sie müssen einen Prozentsatz des erwarteten Bruttoumsatzes für Ihr jährliches Marketing-budget verwenden. Natürlich kann dies bei der Unternehmensgründung bedeuten, dass neu akquirierte Mittel, Kredite oder Eigenfinanzierungen eingesetzt werden. Denken Sie nur daran – Marketing ist für den Erfolg Ihres Unternehmens unerlässlich. Und mit so vielen verschiedenen Arten von Taktiken, um jede erdenkliche Publikumsnische zu erreichen, gibt es eine Mischung, die auch für das engste Budget geeignet ist.

Wenn Sie anfangen, Ausgaben für die Marketing-Taktiken zu sammeln, die Sie im vorherigen Abschnitt beschrieben haben, werden Sie vielleicht feststellen, dass Sie Ihr Budget überschritten haben. Kein Grund zur Sorge. Gehen Sie einfach zurück und passen Sie Ihre Taktiken an, bis Sie einen preiswerten Mix haben. Der Schlüssel ist, das Marketing nie zu stoppen – beschäftigen Sie sich solange nicht mit den teureren Taktiken, bis Sie sie sich leisten können.

Was sollten Sie also für das Marketing ausgeben? Es gibt keine pauschale Richtlinie (Sie haben es kommen sehen, oder?). Tatsächlich variiert die Menge je nach Branche, dem Umfang des Wettbewerbs, den Sie überwinden müssen und der Art der Medien, die Sie verwenden müssen, um Ihr Publikum zu erreichen. Eine besonders komplexe Botschaft erfordert auch ein größeres Marketingbudget, da die Interessenten durch die Aufklärungsphase geführt werden müssen, die mehr Werbung und eine zunehmende Wiederholung Ihrer Botschaft beinhaltet.

WO SIE WERBEN SOLLTEN

Sobald Sie Ihre Zielgruppe kennen, wird es einfacher sein festzustellen, welche Medien für Sie geeignet sind. Vieles davon verlangt nach gesundem Menschenverstand, basierend auf Ihrem Produkt oder Ihrer Dienstleistung, der Verkaufsmethode und dem Publikum.

Sicher, es wäre toll, wenn Sie es sich leisten könnten, eine ganzseitige Farbanzeige in einer großen Zeitschrift oder einen 60-Sekunden-Werbespot während der Fußball-Weltmeisterschaft zu kaufen. Aber zusätzlich zu den Kosten, die über Ihrem Budget liegen, sind solche Anzeigen nicht einmal der effektivste Weg für ein kleines Unternehmen. Kleine Unternehmen schaffen es, eine Nische zu finden, nicht indem sie jeden Peter, Hans und Klaus ansprechen (Nichts für ungut).

Ebenso müssen Sie Ihre Werbung so eng wie möglich auf die Medien konzentrieren, die Ihre Kunden erreichen.

Standort, Alter, Einkommen, Interessen und andere Informationen Ihrer Kunden führen Sie zu den richtigen Medien.

Angenommen, Sie betreiben ein Unternehmen, das Modellbahnzubehör landesweit online und per Versandhandel verkauft. Es wäre sinnvoll, in einer Mischung aus nationalen Fachzeitschriften, auf Websites für Kenner und in speziellen E-Newslettern zu werben, die das Hobby ansprechen, anstatt beispielsweise in der FAZ zu werben. Wenn Sie hingegen Modelleisenbahnen aus einem Hobbygeschäft und nicht online oder per Versandhandel verkaufen, würde die überwiegende Mehrheit Ihrer Kunden aus Ihrer Region kommen. Deshalb würde die Werbung in überregionalen Hobbyzeitschriften nur wenige Kunden gewinnen. In diesem Fall wäre es sinnvoller, in lokalen Telefonverzeichnissen (sowohl online als auch offline), Regionalzeitungen oder Zeitschriften mit entsprechenden redaktionellen Abschnitten oder durch Werbung auf sorgfältig ausgewählten Kabelfernsehprogrammen, die auf die Region ausgerichtet sind, zu werben. Wie bei jedem

Aspekt der Führung eines Unternehmens, beinhaltet das Marketing ein Maß an Trial-and-Error. Wenn Ihr Unternehmen jedoch wächst, werden Sie schnell erkennen, welche Werbeträger am kostengünstigsten sind und die meisten Kunden an Ihr Unternehmen binden. Hier ist ein genauerer Blick auf die verschiedenen Arten von Werbemethoden und Tipps für den Erfolg mit jeder einzelnen.

PRINTWERBUNG

Die Printanzeige ist die Grundeinheit der Werbung, der Ursprung, aus dem alle anderen Werbeformen hervorgehen. Das Wissen um die Prinzipien der Erstellung von Printanzeigen wird Ihnen dabei helfen, Ergebnisse in allen anderen von Ihnen verwendeten Werbemedien zu erzielen. Printanzeigen haben dazu beigetragen, einige der erfolgreichsten Produkte und Dienstleistungen auf den Markt zu bringen, die wir kennen. Und es gibt keinen Grund, warum sie nicht auch für Sie in Frage kämen – wenn Sie ein paar pauschale Regeln einhalten. Die meisten Printanzeigen sind schlecht konzipiert und schneiden daher schlecht ab. Wenn einer Anzeige die starke motivierende Botschaft fehlt, besonders auf dem überfüllten Marktplatz einer Zeitung oder Zeitschrift, wird sie zu einer kostspieligen Lektion, die Ihr Unternehmen mit etwas Glück überstehen kann. Die guten Nachrichten? Bei so vielen schlechten Anzeigen da draußen, sind Sie dem Wettbewerb weit voraus, wenn Sie selbst eine Gute zusammenstellen können. Ob Sie nun eine Anzeige selbst entwickeln oder von jemand anderem für sich anfertigen lassen, sollten Sie darauf achten, dass sie den fünf Grundlagen erfolgreicher Anzeigen folgt.

1. Sie sollte Aufmerksamkeit erregen. Das klingt offensichtlich, doch nichts anderes ist von Bedeutung, wenn Sie das nicht schaffen. Und das bedeutet, dass Sie eine wirklich fesselnde Überschrift und ein visuelles **Element haben müssen.**

2. Sie sollte das Eigeninteresse des Lesers ansprechen oder Neuigkeiten ankündigen. Eine Anzeige, die den Standpunkt „Du" einnimmt und den Lesern sagt, wie sie von Ihren Produkten- oder Dienstleistungen profitieren und ihr Interesse wahren. Und wenn es darüber hinaus Nachrichtenwert hat („Ankündigung eines revolutionären Durchbruchs in Bezug auf Feuchtigkeitscremes, die Ihre Haut 10 Jahre jünger aussehen läßt"), hat Ihre Anzeige eine weitaus bessere Chance. Wichtiger Hinweis:

Insbesondere bei SOLCHEN Ankündigungen gibt es rechtliche Grenzen. Mit einer richtig verunglückten Werbung dieser Art können Sie Ihr Unternehmen auf einen Schlag zerstören. Unser Beispiel hier wäre wohl sehr angreifbar...

3. Sie sollte den einzigartigen Vorteil Ihres Unternehmens kommunizieren. Mit anderen Worten, warum sollte der potenzielle Kunde Ihr Unternehmen gegenüber einem Wettbewerber auswählen?

4. Sie sollte Ihren Nutzen beweisen. Ein überzeugender Weg, das zu erreichen, sind Erfahrungsberichte und Statistiken.

5. Sie sollte die Leser zum Handeln motivieren. Dies wird in der Regel durch ein spezielles Angebot erreicht, das Ihre Verkäufe antreibt. Zu diesen Angeboten gehören eine kostenlose Testversion, ein Rabatt oder ein Bonus.

6. Schlagzeilen, die funktionieren

Schlagzeilen, die am besten funktionieren, sind diejenigen, die dem Leser einen Nutzen versprechen – mehr Kilometer pro Liter, Pickelfreiheit oder weniger Karies. Blättern Sie durch eine Zeitschrift oder eine Zeitung und achten Sie darauf, was Ihnen an den Anzeigen auffällt. Typischerweise sind es die Schlagzeilen, die Ihre Augen zuerst sehen.

Dann beachten Sie, wie viele dieser Schlagzeilen einen Nutzen versprechen. Es reicht jedoch nicht aus, einen Nutzen auszudrücken, wenn die Art und Weise, wie Sie ihn kommunizieren, langweilig und abgedroschen ist. Ihre Schlagzeile sollte ungewöhnlich oder fesselnd genug sein, um Interesse zu wecken. Hier sind einige Beispiele für Schlagzeilen, die auffallen:

„Wenn sich Ärzte schlecht fühlen, tun sie Folgendes."

„Warum einige Lebensmittel in Ihrem Magen explodieren."

„Wie ein einfacher Trick mich zum Starverkäufer gemacht hat."

„Das Erfolgsrezept für Selbständige"

Was auch immer Sie tun, verwenden Sie Ihren Firmennamen nicht als Überschrift für Ihre Anzeige. Dies ist einer der häufigsten Fehler, die kleine Unternehmen machen. Würden Sie eine Anzeige lesen, deren auffälligstes Element „Scherbenmüller Finanzdienstleistungen" lautet? Wahrscheinlich nicht.

Online Marketing Tipps

Unternehmen haben heute mehrere Möglichkeiten, ihre Dienstleistungen und Produkte zu vermarkten und Online-Methoden gehören zu den effektivsten. Aber mit vielen verschiedenen verfügbaren Optionen lässt es viele Unternehmen zurück, die ihre begrenzten Budgets für Kampagnen einsetzen (und verschwenden), die keinen Ertrag bringen.

Kleine Online-Marketing-Budgets sind bei Dienstleistungsmarken üblich, aber das bedeutet nicht, dass die Ergebnisse gering sein müssen. Kleine Dinge wie das Wissen darüber, welche Kanäle am besten sind und welche Optimierungen Ihnen helfen können, die Konversionsraten zu erhöhen, sind sehr hilfreich.

1. Heben Sie Ihre Bewertungen von allen wichtigen Plattformen hervor

Bevor ein potenzieller Kunde online eine Kaufentscheidung trifft, liest er Bewertungen. Viele Unternehmen machen es dem Verbraucher schwer, alle ihre Rezensionen zu lesen, was ihn nur von Ihrer Website abhält. Indem Sie es einem potenziellen Kunden leicht machen, Ihre Bewertungen zu lesen, hält es Ihr Unternehmen im Hinterkopf, was dazu führt, dass sich die Chancen eines Verkaufs stark verbessern, wenn ihm gefällt, was er liest.

2. Bieten Sie mehrere, direkte Kontaktoptionen an

Oftmals, vor allem bei Dienstleistern, sucht ein potenzieller Kunde sofort nach einer Lösung. Wenn Sie nicht mehrere Möglichkeiten haben, wie sie mit Ihrem Unternehmen Kontakt aufnehmen und sofort mit jemandem sprechen können, verpassen Sie viele Möglichkeiten.

Alle Kontaktmöglichkeiten auf der Welt werden Ihnen nicht helfen, wenn Sie sich nicht bemühen, jeden Lead sofort zu „berühren". Telefone sollten nach dem ersten Klingeln und E-Mails sollten unmittelbar beantwortet werden. Je länger Sie diese erste Berührung verzögern, desto mehr Gelegenheit geben Sie dem potenziellen Kunden, eine andere Lösung zu finden.

3. Nutzen Sie bekannte Vertrauensmarken, um Vertrauen zu schaffen

Der erste Eindruck ist alles, also sollte alles, was Sie tun können, um Ihren Ruf und Ihre Vertrauenswürdigkeit zu präsentieren, genutzt werden. Wenn Sie Mitglied der Handelskammer oder anderer Organisationen sind, sollten Sie es auf Ihrer Website im „Über uns" Abschnitt ausführen. Für eine Dienstleistermarke sind diese Mitgliedschaften und Auszeichnungen sehr wichtig – mehr noch als eine E-Commerce-Website. In manchen Bereichen sind auch TÜV-Zertifizierungen unverzichtbar – manchmal bekommen Sie auch entsprechende Vorgaben von Ihren Kunden.

4. Gehen Sie davon aus, dass 80 Prozent Ihrer Leads über mobile Geräte erfolgen werden

Die meisten Dienstleister haben Websites, die für die Lead-Generierung verwendet werden, daher ist es wichtig, sicherzustellen, dass es für einen Kunden einfach ist, Ihr Unternehmen zu kontaktieren oder Informationen auf mobilen Geräten anzufordern, da die Traffic-Quelle weiterhin dominiert, ohne dass es Anzeichen einer Verlangsamung gibt.

Wenn Sie den Konversionsprozess völlig mühelos durchführen, werden Sie feststellen, dass Ihre Raten drastisch steigen. Der Durchschnittsverbraucher ist faul und wird nicht alte Gewohnheiten ablegen, um herauszufinden, wie er mit Ihrem Unternehmen Kontakt aufnehmen kann, also platzieren Sie es direkt vor seinem Gesicht bei der Landung auf Ihrer Website über sein mobiles Gerät.

5. Verwenden Sie das Retargeting, um potenzielle Kunden zurückzuholen, während sie Vergleichseinkäufe tätigen

Wenn ein Verbraucher einen lokalen Dienstleister sucht, wird er oder sie eine Recherche durchführen und mehrere Optionen kontaktieren, bevor er oder sie eine Entscheidung trifft. Sie müssen in den Gedanken der Kunden bleiben, während sie die Anbieter vergleichen und Retargeting ist eine der effektivsten Möglichkeiten. Es ist eine gute Idee, Ihr Retargeting für die besten Ergebnisse zu personalisieren. Beispielsweise muss jemandem, der Ihre Website lediglich besucht hat, eine ganz andere Marketingbotschaft angezeigt werden als jemandem, der bereits eine Angebotsanfrage gestellt hat. Sie befinden sich in verschiedenen Phasen und benötigen maßgeschneiderte Marketingbotschaften, die sie zu diesem nächsten Schritt bringen, sei es beim Abschließen einer Angebotsanfrage oder bei der endgültigen Kaufentscheidung.

FAZIT

Nachdem Sie bis hierhin durchgehalten haben, haben Sie einiges erreicht.

Sie haben Ihr Interesse an einer selbständigen Tätigkeit gezeigt – denn Sie hätten genauso auch unterwegs aufgeben und statt zu lesen etwas anderes tun können.

Sie haben Durchhaltewillen bewiesen – denn kein Buch dieser Welt kann von der ersten bis zur letzten Seite JEDEN Leser fesseln. Erinnern Sie sich, was ich Ihnen gesagt hatte: nicht jeder wird in Ihrem Cafe Platz nehmen und nicht jeder wird dieses Buch in allen Punkten ausnahmslos toll finden.

Ihnen aber ist und war es die Zeit wert und deshalb wünsche ich Ihnen, dass Sie mit all diesen Tipps im Überblick und all diesen hier genannten Aspekten es schaffen, sich eine tragfähige Selbständigkeit aufzubauen – glauben Sie mir, es lohnt sich in jeder Sekunde, wenn Sie eine Unternehmerpersönlichkeit sind.

Sie werden auch herausfinden:

Es ist der einzige Weg mit der Chance zu überproportionalem Wohlstand, persönlicher Befriedigung und der Chance, Ihren Kunden und der Welt etwas Gutes zu tun!

RESSOURCEN UND ANLAUFSTELLEN

Im diesem letzten Kapitel finden Sie abschließend einige hilfreiche Ressourcen und Anlaufstellen, die nicht nur mir, sondern auch vielen anderen Unternehmern dabei geholfen haben, den Fuß in die kühne Welt der Selbstständigkeit zu setzen und an Geschwindigkeit zu gewinnen.

ANLAUFSTELLEN

An einer herausragenden Stelle stehen die Industrie- und Handelskammern, die Handwerkskammern und daran angeschlossen gegebenenfalls auch die Außenhandelskammern. Sie finden dort kompetente und erfahrene Ansprechpartner, die Ihnen im Gründungsprozess gerne auch mit weiteren hilfreichen Adressen und Publikationen Ihre nächsten Schritte erleichtern.

Ein Beratungsgespräch mit einem Fachanwalt für Wirtschaftsrecht (im Hinblick auf die für Sie geeignetste Rechtsform, die Erstellung Ihrer AGB und Vertragsformulare, usw.) und einem Steuerberater (für die grundsätzlichen Fragen wie auch für die Besonderheiten im Umgang mit öffentlichen Fördergeldern, einer vielleicht sogar gemeinnützigen Tätigkeit, den Doppel-besteuerungsabkommen falls Sie auch im Ausland gründen wollen, usw.) ist immer sein Geld wert.

Nicht zuletzt sollten Sie auch mit Ihrem Versicherungsberater sprechen. Je nach Geschäft kommen Firmenrechtsschutz, Vermögensschadenhaftpflicht und absolut unverzichtbar die Firmenhaftpflicht als Versicherungen in Frage. Tipp ganz nebenbei: die Versicherungsberater verfügen oft über ausgezeichnete Kontakte – zu Werbegrafikern (für Ihre Werbung) oder auch zu anderen Dienstleistern, je nachdem was Sie benötigen. Empfehlen und empfohlen werden ist immer der Königsweg für neue Kontakte!

TECHNOLOGIE

ONLINE-MARKETING-SOFTWARE

OnPage.org bietet eine hervorragende SEO-Software, für die es auch eine kostenfreie Version mit allen Funktionen gibt.

Mit SEMRush können Sie Ihre Mitbewerber analysieren, nach profitablen Keywords suchen und dies auch in einer kostenlosen Version.
Searchmetrics ist die anspruchsvolle Version der SEO-Tools. Es ist sehr umfangreich und bietet unter anderem einen guten Support.

WEITERE PLATTFORMEN

Startup Grind

Als eine der größten Startup-Communities der Welt vereint Startup Grind mehr als 400.000 Unternehmer in 85 Ländern und 200 Städten. Die Community bietet ein Netzwerk von Ressourcen, zu dem Veranstaltungen, Partnerschaften mit Organisationen wie „Google for Entrepreneurs" und Medienmöglichkeiten gehören. Es gibt auch lokale Gemeindeveranstaltungen, die Unternehmern helfen, sich mit anderen zu treffen, um persönlich zu helfen und sich zu verbinden.

Diese Unterstützung umfasst auch Möglichkeiten, Talente, Innovationstalente, Investoren und Lehrende zu erreichen. Startup Grind startete 2010 im Silicon Valley und ist gewachsen, um Online- und Offline-Möglichkeiten zur Erschließung einiger sehr wichtiger Ressourcen und Finanzierungsmöglichkeiten zu bieten. Wenn Sie insbesondere auch international tätig sein wollen (z.B. für deutsche Apparate- und Gerätebauer eher die Regel als die Ausnahme), dann sind solche Anlaufstellen für Ihre Kunden auch ein Hinweis auf Ihre Seriosität.

Coursera und **Udemy**

Wenn Sie nach einer bequemen, erschwinglichen Möglichkeit suchen, Ihr eigenes Wissen und Ihre Fähigkeiten sowie die von jedem, den Sie einstellen, zu erweitern, wird Coursera Sie mit den Universitäten der Welt und ihren besten Online-Kursen verbinden. Es stehen zahlreiche Spezialgebiete zur Verfügung, darunter maschinelles Lernen, Python, Datenwissenschaft und eine Vielzahl anderer hochrelevanter Themen und Kurse, die den heutigen Startup-Gründern helfen.

Die Preise liegen zwischen 25€ und 99€, was dies zu einem sehr erschwinglichen Weg macht, um Wissen und Fähigkeiten innerhalb des Budgets eines typischen Startup-Gründers zu erweitern. Online-Abschlüsse und Zertifizierungen sind ebenfalls verfügbar, je nachdem, was Sie erreichen möchten.

LinkedIn

Ob Sie ein angehender Unternehmer oder ein Kleinunternehmer sind – es ist wichtig für Ihr Unternehmen, eine Social Media Präsenz zu haben. Bei richtiger Nutzung können Social Media Ihr Unternehmen auf die nächste Stufe vorstoßen.

Von Unternehmern bis hin zu Marketingspezialisten – LinkedIn war vom ersten Tag an die erste Anlaufstelle für den Aufbau eines professionellen Online-Netzwerks. Über die Plattform können Sie auch Ihre Kontakte bitten, eine Empfehlung für Ihre Leistung zu schreiben, die Sie in Ihrem Profil anzeigen können. Und wenn Sie nach Finanzierung suchen, wird es Ihre Chancen erhöhen, dass Ihr Unternehmen von einem Investor wahrgenommen wird.

XING

Eine Institution im deutschsprachigen Raum ist XING. Als Plattform ähnlich aufgebaut wie LinkedIN finden Sie dort die Möglichkeit, Ihr Netzwerk virtuell abzubilden, Ihr Profil aktuell zu halten und als Unternehmen Mitarbeiter zu akquirieren. Auch Ihre offenen Firmenveranstaltungen können Sie über XING Events planen, durchführen und vermarkten.

BNI und Unternehmernetzwerke

Unter der Firmierung BNI (Business Network International) treffen sich einmal wöchentlich die Unternehmer zu einem i.d.R. sehr frühen gemeinsamen Frühstück, dessen Ablauf strengen Regeln unterliegt.

Hauptzielsetzung ist es, außenstehende potenzielle Kunden innerhalb dieses sogenannten Chapters zu empfehlen und dadurch sekundäre und tertiäre Kontakte zu erschließen, um den gemeinsamen Umsatz zu erhöhen.

Da die Mitgliedschaft mit nicht unerheblichen Kosten verbunden ist, es allerdings eine kurze Probezeit zum Ausprobieren gibt, müssen Sie selbst herausfinden, ob das für Sie infrage kommen kann.

Andere Unternehmensnetzwerke und Visitenkartenparties sind nach meiner Erfahrung mit größter Vorsicht zu genießen. Sehr häufig treffen sich dort umsatzarme Selbständige und Freiberufler und hoffen auf Geschäfte untereinander. Ich nenne das manchmal den „Ball der einsamen Herzen" und habe selten erlebt, dass es wirklich zu nachhaltigen lukrativen Geschäften kam. Zumeist war es den Veranstaltern wichtig, Hoffnungen zu wecken, die aber dann im Sande verliefen...